PAULO SCHMIDT JOSÉ LUIZ DOS SANTOS

CONTROLADORIA

GESTÃO DE RISCO E SISTEMAS DE INFORMAÇÕES

Porto Alegre, 2020

READER

S453c Schmidt, Paulo
Controladoria: gestão de riscos e sistemas de informações / Paulo Schmidt e José Luiz dos Santos. – Porto Alegre: Reader, 2020.
122 p.

ISBN: 9786586780253 (impresso)
ISBN: 9786586780291 (digital)

1. Controladoria. 2. Gestão de riscos. 3. COSO. 4. Sistemas de informações. I. Santos, José Luiz dos.

CDU 657.05

Catalogação na fonte: Bibliotecária Josiane Fonseca da Cunha - CRB 10/1674

SUMÁRIO

1 GESTÃO DE RISCO NAS ENTIDADES

1.1 Aspectos gerais

Várias iniciativas internacionais têm sido direcionadas para a criação de *frameworks* focados na gestão de riscos corporativos. Diante dessa nova realidade, a controladoria deverá selecionar o melhor *framework* que possibilite uma gestão eficaz desses riscos. O *framework* caracterizará a estrutura do sistema, ao passo que paralelamente deverá ser desenvolvido um método de implementação e monitoramento dos controles.

Na busca dessa solução sistêmica, a controladoria deverá buscar as melhores alternativas para que os riscos sejam minimizados, mas que isso não crie barreiras estruturais para a própria entidade. Nessa tarefa, deverá ser considerado que os controles deverão ser customizáveis às necessidades individuais de cada atividade e que permitam a geração de informações para efetivo monitoramento de sua eficácia, ou seja, que possam ser avaliados de forma sistemática.

Além desses *frameworks*, várias iniciativas para o desenvolvimento de sistemas de análise de riscos têm sido criadas, proporcionando um novo ambiente de atuação da controladoria no processo de avaliação de controles internos.

A escolha do *framework* depende do objetivo que a entidade busca com a implementação dos controles. As principais soluções que o mercado mundial oferece são:

- COSO e CoCo: soluções voltadas para objetivos de negócio;
- COBIT: solução voltada para objetivos de negócio focando em Tecnologia da Informação;
- BS7799 e ISO 17799: Voltadas para objetivos de Segurança da Informação.

1.2 COSO - Comitee of Sponsoring Organizations

A origem desses *frameworks* deve-se muito a falta de unanimidade sobre o que realmente eram controles internos e de que forma eles poderiam ajudar as entidades na busca de seus objetivos. "Gerentes tinham uma opinião sobre controle interno que não era a mesma dos auditores internos, que por sua vez tinham uma visão diferente dos funcionários da controladoria. A falta de um denominador comum ajudava a aumentar a confusão sobre o papel e significado dos controles internos para a empresa." (FERREIRA; VALENTE; ASATO, 2002, p. 1).

Segundo esses autores, em 1985, nos Estados Unidos, foi criada a *National Commission on Fraudulent Financial Reporting* (Comissão Nacional sobre Fraudes em Relatórios Financeiros), uma iniciativa independente, com o objetivo de estudar as causas da ocorrência de fraudes em relatórios financeiros/contábeis. Essa comissão foi composta por representantes das mais destacadas associações de classe de profissionais ligados à área financeira. Seu primeiro objeto de estudo foram os controles internos. Em 1992 foi publicado o trabalho *"Internal Control - Integrated Framework"* (Controles Internos – Um Modelo Integrado). Essa publicação passou a ser referência mundial para o estudo e aplicação dos controles internos.

Essa Comissão transformou-se em um Comitê, que passou a se chamar COSO - *The Comitee of Sponsoring Organizations* (Comitê das Organizações Patrocinadoras). O COSO é uma entidade sem fins lucrativos, dedicada à melhoria dos relatórios financeiros por meio da ética, efetividade dos controles internos e governança corporativa. É patrocinado por cinco das principais associações de classe de profissionais ligados à área financeira nos Estados Unidos, conforme apresentado na Figura 1.1.

AICPA	American Institute of Certified Public Accounts	Instituto Americano de Contadores Públicos Certificados
AAA	American Accounting Association	Associação Americana de Contadores
FEI	Financial Executives Internacional	Executivos Financeiros Internacional
IIA	The Institute of Internal Auditors	Instituto dos Auditores Internos
IMA	Institute of Management Accountants	Instituto dos Contadores Gerenciais

Figura 1.1 Principais associações de classe de profissionais ligados à área financeira nos Estados Unidos.
Fonte: Ferreira, Valente e Asato (2002, p. 4)

O COSO atua de forma independente de seus patrocinadores. Seus integrantes são representantes da indústria, dos contadores, das empresas de investimento e da Bolsa de Valores de Nova York.

Em 2001, o COSO (2004) iniciou um projeto em associação com a *PricewaterhouseCoopers*, para desenvolver um *framework* que fosse imediatamente utilizável pelas gerências para avaliar e melhorar a gestão de risco das entidades. O período do desenvolvimento do *framework* foi marcado por uma série de escândalos financeiros que elevou o risco de muitos negócios nos Estados Unidos da América, gerando perdas para muitos investidores, para as companhias afetadas e, de um modo geral, para todos *stakeholders* dessas companhias.

A necessidade da criação de um *framework* para gerenciar risco da empresa ficou latente. Por isso o COSO passou a desenvolver princípios e conceitos chaves, buscando a unificação do entendimento do que sejam controles internos e da importância de sua implementação para uma correta gerência de risco nas entidades. O papel da controladoria na gerência de risco passa:

- pelo entendimento do perfil e das estratégias alinhadas ao risco assumido pelas entidades, buscando criar mecanismos para avaliar alternativas estratégicas, sempre direcionando as informações para os objetivos estratégicos corporativos, além de desenvolver mecanismos para controlar os riscos relacionados a essas estratégias;
- pelo fornecimento de informações sobre os riscos corporativos, buscando reduzir as surpresas que possam gerar aumento de custos e perdas operacionais;
- pela criação de facilidades para que as gerências avaliem eficazmente as necessidades de implementação de controles para melhor gerenciamento dos riscos potenciais inerentes às suas atividades, gerando um crescimento no desempenho e na lucratividade da entidade;
- pela ajuda à gerência de risco da entidade no desenvolvimento de relatórios sobre controles e no *compliance* com leis e regulamentos, evitando desgastes gerados por danos à reputação da entidade;
- pelo auxilio à gerência de risco em todos aspectos necessários para evitar perdas e surpresas gerados por riscos de

eventos que podem impactar negativamente a criação do valor dentro da entidade etc.

Para Ferreira, Valente e Asato (2002), o COSO definiu controle interno como sendo um processo, desenvolvido para garantir, com razoável certeza, que sejam atingidos os objetivos da empresa, nas seguintes categorias:

- eficiência e efetividade operacional (objetivos de desempenho ou estratégia): esta categoria está relacionada com os objetivos básicos da entidade, inclusive com os objetivos e metas de desempenho e rentabilidade, bem como da segurança e qualidade dos ativos;
- confiança nos registros contábeis/financeiros (objetivos de informação): todas as transações devem ser registradas, todos os registros devem refletir transações reais, consignadas pelos valores e enquadramentos corretos;
- conformidade (objetivos de conformidade) com leis e normativos aplicáveis à entidade e sua área de atuação.

Dentro do contexto conceitual de controle interno definido pelo COSO, esses autores destacam que o controle interno efetivo auxilia a entidade na consecução de seus objetivos, mas não garante que eles serão atingidos. Essa falta de garantia é motivada pelos seguintes fatores:

- custo/benefício: todo controle tem um custo, que deve ser inferior à perda decorrente da consumação do risco controlado;
- conluio entre empregados: da mesma maneira que as pessoas são responsáveis pelos controles, estas pessoas podem valer-se de seus conhecimentos e competências para burlar os controles, com objetivos ilícitos.
- eventos externos: eventos externos estão além do controle de qualquer organização. Exemplo disso foram os acontecimentos do dia 11/09/2001, nos Estados Unidos. Quem poderia prever ou controlar os fatos ocorridos?

No processo de trabalho desenvolvido pelo COSO na versão I, relatado por Ferreira, Valente e Asato (2002), fica evidente o entendimento que controle interno é um processo constituído, na versão I da estrutura de controle do COSO, por cinco elementos inter-relacionados e presentes em todos os controles internos. Esses cinco elementos destacados pelos autores são na versão I: Ambiente de

Controle, Avaliação e Gerenciamento dos Riscos, Atividade de Controle, Informação e Comunicação e Monitoramento.

O ambiente de controle traduz a cultura de controle que existe na entidade, ou seja, o ambiente de controle em que as pessoas estão envolvidas e de que forma elas percebem a sua efetividade, em termos de suas responsabilidades, seus limites de autoridade e se têm, especialmente, consciência, competência e o comprometimento de que estão fazendo o que é correto e da maneira correta.

O ambiente de controle focaliza aspectos comportamentais dos colaboradores de uma entidade, ou seja, suas competências e seus comportamentos éticos e morais no atingimento dos objetivos organizacionais. Essa preocupação comportamental das pessoas em relação aos controles internos ficou latente com a promulgação da Lei Sarbanes-Oxley, tanto que a Lei passou a exigir que as entidades abrangidas por essa regulamentação passem a divulgar, se possuírem (ou, caso não possuam, qual a razão), um código de ética para diretores financeiros *seniors*, aplicável aos seus principais diretores encarregados de assuntos financeiros.

Ferreira, Valente e Asato, (2002) apresentam algumas recomendações que a controladoria deveria seguir para verificar a qualidade do ambiente de controle:

- o ambiente de controle é mais efetivo na medida em que as pessoas tenham a sensação que estão sendo controladas;
- certifique-se que os funcionários conhecem suas responsabilidades e a função de seus serviços;
- verifique se há um plano adequado de treinamento;
- verifique se os funcionários sabem qual o padrão de conduta e ética a ser seguido;
- verifique se são tomadas as ações corretivas disciplinares devidas, quando o funcionário não agir de acordo com os padrões de conduta e comportamento esperados ou de acordo com as políticas e procedimentos recomendados.

O segundo elemento destacado pelos autores é a avaliação e gerenciamento de riscos, ou seja, a identificação e análise dos riscos associados ao não atingimento da missão da entidade em função da falta de controles internos.

A controladoria em conjunto com executivos deverá definir os níveis de riscos operacionais, de informação e conformidade que estão dispostos a assumir. A avaliação de riscos é uma responsabilidade de toda administração, porém, cabe à controladoria, especialmente ao setor de auditoria interna, fazer uma avaliação própria dos riscos, confrontando-a com a avaliação feita pelos executivos.

O conceito de risco para uma entidade, segundo Duarte Júnior (2005, p. 1) deve ser multidimensional, pois "cobre quatro grandes grupos: risco de mercado, risco operacional, risco de crédito e risco legal". O autor conceitua os quatro tipos de risco de uma entidade, sendo que as principais características apontadas são:

- risco de mercado: depende diretamente do comportamento do preço dos ativos de uma entidade diante das condições de mercado. Para entender e medir possíveis perdas devido às flutuações do mercado é importante identificar e quantificar o mais corretamente possível as volatilidades e correlações dos fatores que impactam a dinâmica do preço do ativo.
- risco operacional: esse risco está relacionado a possíveis perdas como resultado de sistemas e/ou controles inadequados, falhas de gerenciamento e erros humanos. Para ele, o risco operacional pode ser dividido em três grandes áreas:
  - relacionado com uma organização ineficiente, administração inconsistente e sem objetivos de longo prazo bem definidos, fluxo de informações internos e externos deficientes, responsabilidades mal definidas, fraudes, acesso a informações internas por parte de concorrentes etc.;
  - relacionado com problemas como sobrecargas de sistemas (telefonia, elétrico, computacional etc.), processamento e armazenamento de dados passíveis de fraudes e erros, confirmações incorretas ou sem verificação criteriosa etc.;
  - risco de pessoal está relacionado com problemas como empregados não-qualificados e/ou pouco motivados, personalidade fraca, falsa ambição, "carreiristas" etc.
- risco de crédito: está relacionado a possíveis perdas quando um dos contratantes não honra seus compromissos. As perdas aqui estão relacionadas aos recursos que não mais serão recebidos.
- risco legal: conexo a possíveis perdas quando um contrato não pode ser legalmente amparado. Devem ser consideradas perdas

por documentação insuficiente, insolvência, ilegalidade, falta de representatividade e/ou autoridade por parte de um negociador etc.

A partir dessa contextualização, a controladoria deverá criar mecanismos para avaliar os riscos em termos de probabilidade de ocorrerem, quais os impactos para os negócios se ocorrerem e quais as ações necessárias para gerenciar os riscos identificados.

Ferreira, Valente e Asato (2002), apresentam algumas recomendações que a controladoria deveria seguir para auxiliar no gerenciamento correto do risco:

- certificar-se que a entidade tenha uma missão clara, e que as metas e objetivos estejam formalizados;
- avaliar os riscos em nível de dependência e setor;
- avaliar os riscos em nível de processo;
- elaborar um papel de trabalho para cada atividade relevante, priorizando as atividades e processos mais críticos e aqueles que podem ser melhorados.

Além dessas recomendações, a controladoria, na gerência de risco, deverá focar sua atuação nos seguintes aspectos complementares:

- pelo entendimento do perfil e das estratégias alinhadas ao risco assumido pelas entidades, buscando criar mecanismos para avaliar alternativas estratégicas, sempre direcionando as informações para os objetivos estratégicos corporativos, além de desenvolver mecanismos para controlar os riscos relacionados a essas estratégias;
- pelo fornecimento de informações sobre os riscos corporativos, buscando reduzir as surpresas que possam gerar aumento de custos e perdas operacionais;
- pela criação de facilidades para que as gerências avaliem eficazmente as necessidades de implementação de controles para melhor gerenciamento dos riscos potenciais inerentes às suas atividades, gerando um crescimento no desempenho e na lucratividade da entidade;
- pela ajuda à gerência de risco da entidade no desenvolvimento de relatórios sobre controles e no *compliance* com leis e regulamentos, evitando desgastes gerados por danos à reputação da entidade;

- pelo auxílio à gerência de risco em todos aspectos necessários para evitar perdas e surpresas geradas por riscos de eventos que podem impactar negativamente a criação do valor dentro da entidade;
- no auxílio direto aos executivos na seleção da opção mais adequada de risco, considerando as crenças e valores do grupo controlador e dos próprios executivos, ou seja, definir níveis para evitar, aceitar, reduzir ou compartilhar riscos - desenvolvendo uma série de ações (controles) para alinhar os riscos com o perfil da entidade em termos de tolerância e o desejo de risco etc.

As atividades de controle são o terceiro elemento inter-relacionado que o COSO destaca como sendo de importante entendimento para o gerenciamento dos controles internos de uma entidade.

Para Ferreira, Valente e Asato (2002), as atividades de controle são aquelas executadas a tempo e maneira adequados, permitindo a redução ou administração dos riscos. As atividades de controle podem ser de duas naturezas: atividades de prevenção ou de detecção.

As principais atividades de controle de prevenção e de detecção podem ser divididas, segundo a classificação do COSO, apresentadas por Ferreira, Valente e Asato (2002), em:

- alçadas (prevenção): representam os limites determinados a um colaborador, quanto à possibilidade deste aprovar valores ou assumir posições em nome da instituição. Exemplos: estabelecimento de valor máximo para um caixa pagar um cheque; estabelecimento dos tetos assumidos por um operador de mercado para cada horizonte de investimento; estabelecimento de alçada operacional para o Comitê de Crédito de uma agência;
- autorizações (prevenção): a controladoria, em conjunto com a administração, deve determinar as atividades e transações que necessitam de aprovação de um supervisor para que sejam efetivadas. A aprovação de um supervisor, de forma manual ou eletrônica, implica na verificação e validação das atividades ou transações, na busca de assegurar que as mesmas estejam em conformidade com as políticas e procedimentos estabelecidos pela entidade. Os responsáveis pela autorização devem verificar a documentação pertinente, questionar itens pouco usuais, e

assegurarem-se de que as informações necessárias à transação foram checadas, antes de darem sua autorização. Jamais devem assinar em branco ou fornecer sua senha eletrônica;

- conciliação (detecção): representa a confrontação da mesma informação com dados vindos de bases diferentes, adotando as ações corretivas, quando necessário;
- revisões de desempenho (detecção): a controladoria deverá acompanhar uma atividade ou processo, para avaliar sua adequação e/ou desempenho, em relação à missão, às metas, aos objetivos traçados e aos *benchmarks*, assim como acompanhamento contínuo do mercado, de forma a antecipar mudanças que possam impactar negativamente a entidade. Exemplos: monitoração do comportamento de usuários de cartões de crédito (lugares inusitados, produtos diferentes etc.); monitoração e questionamento de flutuações abruptas nos resultados de agências, produtos, carteiras próprias e de terceiros; monitoração de valores realizados e orçados em unidades, com o objetivo de identificar dificuldades/problemas; acompanhamento da concorrência, visando o lançamento de novos produtos;
- segurança física (prevenção e detecção): a controladoria deverá criar controles focados nos valores de uma entidade, buscando a proteção contra uso, compra ou venda não-autorizados. Um dos melhores controles para proteger estes ativos é a segurança física, que compreende o controle de acessos, o controle da entrada e saída de funcionários e materiais, senhas para arquivos eletrônicos, '*call-back*' para acessos remotos, criptografia e outros. Incluem-se neste controle os processos de inventário dos itens mais valiosos para a entidade (por exemplo, a conferência de numerário);
- segregação de funções (prevenção): a efetividade dos controles internos é um dos pontos mais importantes de uma entidade, pois busca reduzir tanto o risco de erros humanos, quanto o risco de ações indesejadas. Atividades de contabilidade, conciliação, autorização, custódia, inventário, controles de pagamentos, administração de recursos próprios e de terceiros, normatização (gerenciamento de riscos) e fiscalização (auditoria) devem estar segregadas entre os funcionários e supervisionadas pela controladoria;
-

- sistemas informatizados (prevenção e detecção): os controles internos criados por meio de sistemas informatizados dividem-se em dois tipos:
  - controles gerais: pressupõe a existência de controles internos nos centros de processamentos de dados e controles na aquisição, desenvolvimento e manutenção de programas e sistemas. Exemplos: organização e manutenção dos arquivos de *back-up*, arquivo de *log* do sistema, plano de contingência;
  - controles de aplicativos: são os controles internos focados nos aplicativos corporativos, que têm a finalidade de garantir a integridade e veracidade dos dados e transações. Exemplos: validação de informações (checagem das informações com registros armazenados em banco de dados).
- normatização interna (prevenção): a controladoria deverá definir, de maneira formal, as regras internas necessárias ao funcionamento da entidade. As normas devem ser de fácil acesso para os funcionários da entidade, e devem definir responsabilidades, políticas corporativas, fluxos operacionais, funções e procedimentos.

Na determinação das atividades de controle, dentro do conceito do COSO, a controladoria deverá considerar que a efetividade do controle dependerá das pessoas envolvidas na sua operacionalização. Por isso, a definição dos controles deve considerar um conjunto ponderado de regras que não burocratize em excesso a entidade, mas que sirva de instrumento de motivação para as decisões, na busca da missão da entidade.

Outro elemento destacado por Ferreira, Valente e Asato (2002), no trabalho desenvolvido pelo COSO, é a comunicação e o fluxo de informações dentro de uma entidade, entendendo que este fluxo ocorre em todas as direções – dos níveis hierárquicos superiores aos níveis hierárquicos inferiores, dos níveis inferiores aos superiores, e comunicação horizontal, entre níveis hierárquicos equivalentes. A comunicação é essencial para o bom funcionamento dos controles internos. Informações sobre planejamento, ambiente de controle, riscos, atividades de controle e desempenho devem ser transmitidas a toda a entidade. Por outro lado, as informações recebidas de maneira formal (acontecem por meio dos sistemas internos de comunicação) ou informal (ocorrem em conversas e encontros com clientes, fornecedores, autoridades e empregados), de fontes externas ou internas, devem ser identificadas, capturadas, verificadas quanto à sua confiabilidade e relevância, processadas e comunicadas às pessoas que as necessitam, tempestivamente e de maneira adequada.

O último elemento de controle é o monitoramento, que traduz a avaliação dos controles internos ao longo do tempo. Ele, segundo os autores, é o melhor indicador para saber se os controles internos estão sendo efetivos ou não.

Monitorar os controles internos significa acompanhar as atividades de uma entidade e avaliar se estão em conformidade com os procedimentos previamente definidos. Esse acompanhamento pode ser feito concomitante às decisões, de forma direcionada para transações selecionadas, atividades de auditoria interna e de sistemas e de qualquer outra forma que permita à entidade monitorar a efetividade dos controles internos. Cabe à controladoria o papel de gerenciar esse processo de monitoramento.

Essa versão inicial do COSO foi complementada para uma versão conhecida como COSO 2, também chamada de ERM (Enterprise Risk Management Framework) ou Gestão de Risco Corporativos.

Para Euso (2012), o COSO 2 está focado nas entidades que buscam a preservação da geração de valor organizacional. Para ele, a ERM é um processo conduzido, normalmente, pelo Conselho de Administração, diretoria e demais empregados, aplicado no estabelecimento de estratégias, formuladas para identificar em toda a organização eventos em potencial, capazes de afetá-la, e administrar os riscos de modo a mantê-los compatíveis com o apetite ao risco da organização e possibilitar garantia razoável do cumprimento dos seus objetivos.

Para o COSO (2007, p. 20), "apetite ao risco é a quantidade de riscos, no sentido mais amplo, que uma organização está disposta a aceitar em sua busca para agregar valor."

Dentro desse novo contexto de gerenciamento de risco organizacional, o componentes passaram a ser os seguintes: ambiente interno, fixação de objetivos, identificação de eventos, avaliação de riscos, resposta a risco, atividades de controle, informações e comunicações e monitoramento (esses últimos 3 componentes já existiam com essa denominação no COSO I).

Para o COSO (2007), o componente denominado de ambiente interno engloba a cultura organizacional, a influência sobre a consciência de risco de seus colaboradores, caracterizando-se como a base para todos os demais componentes do gerenciamento de riscos corporativos. Os principais elementos do ambiente interno relacionam-se com a filosofia administrativa de uma entidade e sua ligação com os riscos, o apetite ao risco, a supervisão do conselho de administração, a integridade, os valores éticos, a competência das pessoas na entidade, a forma como os gestores atribuem alçadas e responsabilidades e como ocorre o desenvolvimento e a organização dos funcionários.

O segundo componente apresentado pelo COSO (2007), denominado de fixação de objetivos, determina que os objetivos organizacionais devem ser fixados no âmbito estratégico, determinando uma base para os objetivos operacionais, de comunicação e o cumprimento de normas. Segundo o COSO (2007), as organizações enfrentam uma variedade de riscos originados de fontes externas e internas, sendo que a fixação de objetivos é um dos pré-requisitos para a identificação eficaz de eventos, da avaliação de riscos e resposta a risco. Assim, os objetivos devem ser alinhados com o apetite a risco, que deve direcionar os níveis de tolerância ao risco dentro de uma entidade.

Na identificação de eventos, a gestão da organização deve, segundo o COSO (2007), identificar todos os eventos potenciais que, caso venham a ocorrer, afetem a organização, analisando se esses eventos podem afetar abrindo novas oportunidades ou podem trazer prejuízos futuros no processo de implementação das estratégias previamente planejadas.

Os eventos com características positivas representam oportunidades que devem ser consideradas na gestão da organização. Ao contrário, os eventos com características negativas, representam riscos que devem ser avaliados e merecem respostas dos gestores para que não gerem impactos consideráveis para o sucesso da organização. Na gestão desses riscos e oportunidades, os administradores devem considerar todas as variáveis que possam ter alguma relação com esses eventos, tanto pelo aspecto endógeno, como exógeno.

O quarto componente apresentado pelo COSO (2007) é a avaliação de riscos da entidade. A avaliação desses riscos traduz até que nível suas possíveis ocorrências podem afetar o atingimento dos objetivos propostos para a organização. A avaliação deve considerar a probabilidade de suas ocorrências e os possíveis impactos que podem causar na organização. Para o COSO (2007), é comum que sejam utilizadas ferramentas qualitativas e quantitativas para a realização dessa avaliação, sendo que a análise desses impactos, se positivos ou negativos, devem ser analisados de forma isolada ou por categoria em toda organização.

Dos oito componentes do atual modelo denominado de COSO 2, o último que não havia sido considerado no modelo anterior é o de avaliação dos riscos. Para o COSO (2007), após uma análise dos possíveis riscos organizacionais, a administração deverá determinar como responderá a esses riscos. As respostas, segundo eles, incluem evitar, compartilhar ou aceitar os riscos. A administração deverá avaliar o impacto sobre a probabilidade de sua ocorrência, analisando os custos e benefícios de criar uma resposta que mantenha os riscos residuais no nível de apetite ao risco desejado pelos gestores.

Os demais componentes: atividades de controle, informações e comunicações e monitoramento já haviam sido considerados no COSO 1.

O COSO busca, portanto, que as entidades tenham nos controles internos um instrumento que ajude no atingimento da missão e contribua com eficiência operacional, portanto, os controles internos representam, para o COSO, um processo que facilite o alcance dos objetivos de economia e eficiência das operações, fidedignidade das demonstrações contábeis e conformidade (*Compliance*) com as normas e legislação locais.

1.3 Coco - *Criteria of Control*

O CoCo - *Criteria of Control* é um framework criado pelo *The Canadian Institute of Chartered Accountants* (CICA), que, segundo Gherman (2005), visa auxiliar a controladoria e os executivos de uma entidade a implementarem e avaliarem um ambiente de controle, de modo que a organização alcance seus objetivos estratégicos e operacionais.

O CoCo constitui-se de uma metodologia que busca identificar os principais objetivos negociais de uma entidade e a partir dessa identificação, estrutura os componentes dos controles internos, definindo os principais critérios para acompanhamento e avaliação dos controles.

Um dos principais pesquisadores da metodologia do CoCo é Gherman (2005). Os principais pontos que caracterizam esse *framework*, segundo esse pesquisador, serão apresentados a seguir.

Dentro do contexto do CoCo, o controle tem um conceito mais amplo, pois envolve os recursos, sistemas, processos, planejamento, aprendizado contínuo, acompanhamento por meio de indicadores de performance e cultura organizacional. Esses elementos devem atuar de forma conjunta, possibilitando às pessoas atingir os objetivos da organização. Portanto, o foco da avaliação do CoCo é da entidade como um todo (e não uma parte específica), seus objetivos e os riscos que podem dificultar ou impedir a realização de sua missão.

Um ponto importante da metodologia é que a avaliação deve ser realizada com recursos da própria organização, sem avaliação externa independente. Por se tratar de uma auto avaliação, a tendência é que os colaboradores e gestores se comprometam mais com os resultados obtidos, uma vez que eles próprios participam do processo.

Na metodologia do CoCo a pessoa é o foco principal. Uma diferença, em relação ao COSO, é que aqui o processo de formação do ambiente de controle favorável é explicado conforme apresentado na Figura 1.2.

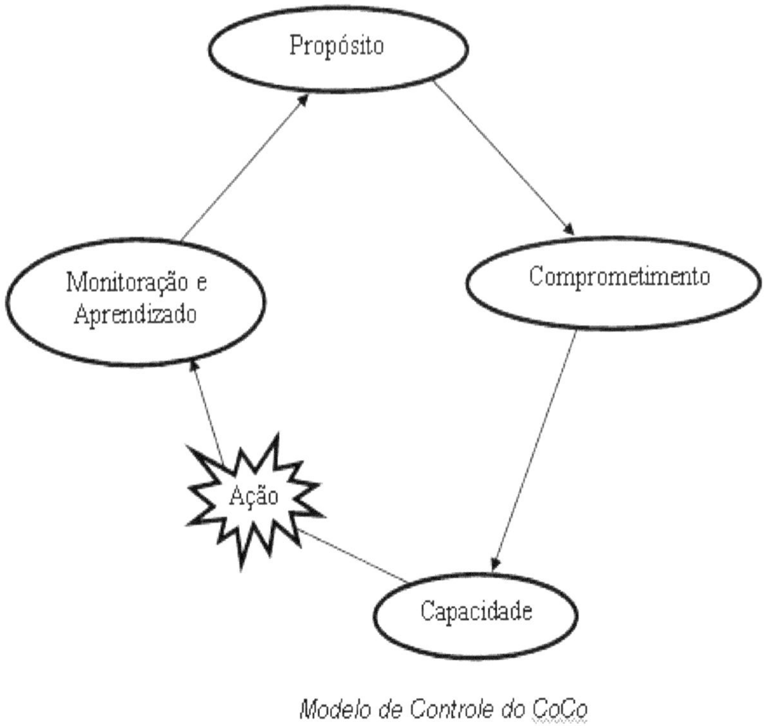

Figura 1.2 Modelo de Controle do CoCo
Fonte: Gherman (2005, p. 2)

Os seguintes critérios de avaliação de controles, apontados por Gherman (2005), são os adotados pelo CoCo com relação a cada um dos seus elementos:

a) Propósitos - indicam a direção seguida pela organização. Consistem de:

- objetivos, visão, missão e estratégia;
- riscos e oportunidades;
- políticas;
- planejamento;
- metas e indicadores de performance.

b) comprometimento - fornece a identidade e os valores da organização. Consiste de:

- valores éticos, incluindo integridade;
- política de recursos humanos;

- autoridade e responsabilidade;
- confiança mútua.

c) Capacidade - diz respeito à competência da organização. Consiste de:

- conhecimento, habilidades e ferramentas;
- processos de comunicação;
- informação;
- coordenação;
- atividades de controle.

d) Monitoração e aprendizado - fornecem uma visão da evolução da organização. Consistem de:

- monitoração dos ambientes interno e externo;
- monitoração de performance;
- questões desafiadoras;
- reavaliação das necessidades e dos sistemas de informação;
- procedimentos de *follow-up*;
- avaliação da eficácia do Controle.

O CoCo é uma metodologia voltada, especialmente, para o Principal Executivo da entidade e ao Conselho de Administração. Porém, é importante que os demais gestores tenham conhecimento da metodologia, para que, em conjunto com a controladoria e os auditores, tenham uma facilitação no processo de avaliação dos controles internos.

O processo de avaliação, apontado por Gherman (2005), compreende alguns passos fundamentais, tais como:

- compreender as expectativas do conselho de administração;
- estabelecer um grupo de trabalho, incluindo a controladoria e a auditoria interna, além de outros setores interessados;
- compreender os objetivos da avaliação, por exemplo, segurança dos ativos, minimização dos custos e garantia da qualidade dos produtos e serviços;
- capacitar os envolvidos na metodologia do CoCo;
- desenvolver um plano de avaliação dos controles;
- desenvolver uma conclusão sobre os controles;
- aprovar a avaliação junto ao conselho de administração.

O CoCo, assim como o COSO, auxilia os executivos na gestão das entidades procurando gerar maior transparência da gestão (mais do que a obrigação de informar, a administração, dentro do conceito de Governança Corporativa, deve cultivar o desejo de informar), mais equidade (tratamento justo e igualitário de todos os grupos minoritários, sejam do capital ou das demais partes interessadas (*stakeholders)*, como colaboradores, clientes, fornecedores ou credores), melhor prestação de contas – *accountability* – (os gestores devem prestar contas de sua atuação a quem os escolheu) e mais responsabilidade corporativa (conselheiros e executivos devem zelar pela perenidade das organizações).

As duas metodologias estão direcionadas para os objetivos do negócio e com foco em toda a organização. Apresentam *frameworks* que permitem à entidade estruturar seu sistema de controles internos, os quais por sua vez possibilitam gerenciar os riscos corporativos, especialmente os operacionais. Segundo Gherman (2005), um modelo utiliza aspectos do outro. O CoCo utiliza definições a partir do COSO, já que existem objetivos comuns para a implantação de um Sistema de Controles Internos:

- a necessidade de *compliance*;
- a economia e eficiência das operações;
- a veracidade das demonstrações financeiras.

Na comparação da estrutura de controles internos do COSO com o CoCo, percebe-se que o COSO possui uma estrutura mais complexa, pois apresenta um maior grau de detalhamento dos diversos aspectos a serem considerados na estruturação dos controles.

O CoCo, segundo Gherman (2005), prioriza claramente o ambiente de controle, focando na participação das pessoas por meio de pontos como valores éticos e cultura de controle, além disso, o CoCo, ao contrário do COSO, expressa a avaliação dos controles internos em intervalos de tempo, e não em pontos específicos do tempo, bem como estimula a participação exclusiva dos funcionários e gerentes da organização, promove uma melhor auto-gestão dos riscos. O COSO, segundo o autor, evoluiu para uma metodologia que estrutura com maior abrangência todo o processo de gerenciamento dos riscos, admitindo dessa forma uma aplicação maior para outros tipos de riscos que não aqueles de cunho exclusivamente operacionais.

No entanto, é importante destacar que o COSO e o CoCo, apesar de permitirem customizar objetivos e critérios específicos de uma dada organização, são metodologias distantes do nível operacional (dizem muito pouco como fazer), e por isso requerem a complementação com outros modelos de gestão, apesar de que o processo de avaliação do CoCo determina mais rapidamente os principais problemas da organização, enquanto que o COSO possui maior aceitabilidade para o atendimento aos requisitos de *compliance* com as legislações, como o Sarbanes-Oxley Act, por exemplo.

1.4 Cobit - Control Objectives for Information and Related Technology

O COBIT representa "uma estrutura de relações e processos para dirigir e controlar o ambiente de TI para alcançar as metas da organização somando valor enquanto equilibra risco versus retorno sobre o investimento em TI e seus processos." (ANEFAC, *apud* ITGI, 2005, pg. 1).

A versão 5 do COBIT foi lançada em abril de 2012 e, segundo Dourado (2014), o COBIT 5 ajuda as empresas a criar valor para TI, mantendo o equilíbrio entre os investimentos em recursos e os riscos organizacionais. O COBIT 5 considera os negócios, as áreas funcionais de TI da empresa e as partes interessadas, tanto internas como externas.

Para o entendimento do COBIT é preciso antes que se tenha uma visão do que é Governança de Tecnologia da informação para uma entidade.

O objetivo da Governança de TI é o de afiançar que as estruturas e processos internos garantam que a tecnologia da informação suporte e maximize a missão e as estratégias da organização de uma entidade. Para tanto, busca-se controlar, auditar e avaliar a operacionalização e a qualidade dos serviços e equilibrar os riscos do retorno sobre os investimentos, ou seja, garantir o equilíbrio entre os riscos e os retornos sobre as atividades e processos.

A responsabilidade pela Governança de TI é da controladoria e dos executivos, pois está focada na busca da geração segura, com qualidade e com confiança das informações para a gestão de todos os processos corporativos.

As vantagens da Governança de TI, apontadas por Brodbeck, Kalb e Brei (2005), podem ser listadas como as seguintes:

- alinha a estratégia de TI com as do negócio;
- mais capacidade e agilidade para novos modelos de negócios ou ajustes nos modelos atuais;
- explicita a relação entre aumento nos custos de TI e aumento no valor da informação;
- mantém os riscos do negócio sob controle;
- explicita a importância da TI na continuidade dos negócios;
- mede e melhora continuamente a performance de TI.

O COBIT é uma metodologia focada em governança, controle e auditoria de tecnologia da informação. Foi desenvolvido pelo ISACF - *The Information Systems Audit and Control Foundation.* O ISACF foi criado em 1976, nos Estados Unidos da América, como uma fundação educacional para levar a cabo projetos de investigação, em grande escala, a fim de expandir o conhecimento e o valor da governança e controle de TI. Posteriormente, o COBIT passou a ser mantido pelo ITGI - *IT Governance Institute.* O ITGI foi criado em 1998, nos Estados Unidos da América, para desenvolver o pensamento e os padrões internacionais de como gerenciar e controlar a tecnologia de informação em uma entidade.

A estrutura do COBIT, segundo o ITGI (2005), foi definida na primeira edição, publicada em 1994. A primeira versão versava sobre sua definição, aplicações de padrões internacionais e de suas principais linhas de atuação, fundamentadas em pesquisas das melhores práticas para o desenvolvimento dos controles para uma entidade. A segunda edição (1998) incluiu pesquisas de universidades europeias e norte-americanas, que compilaram, revisaram e avaliaram os principais padrões técnicos utilizados internacionalmente, os códigos de conduta, os padrões de qualidade, as exigências profissionais em termos de práticas e conhecimentos requisitados pelo mercado e como estavam sendo relacionados a estrutura e os objetivos dos controles corporativos.

Após essa análise, os pesquisadores sugeriram modificações que geraram a terceira edição do COBIT 3 (liberado em 2000). Essa edição consistiu no desenvolvimento de regras para os gestores aumentarem o controle e introduzirem sistemas de avaliação de desempenho e aumentar a qualidade da governança organizacional.

A versão seguinte do COBIT, a quarta geração, foi focada nos objetivos do controle, nos guias para o gerenciamento e na maturidade dos componentes estruturais do modelo. O COBIT 4, portanto, foi estruturado sob essas 3 bases conceituais: modelo de processos de TI (*framework*), modelo para governança de TI e modelo de Maturidade de TI. A utilização conjunta desses modelos permitirá que a entidade gerencie de forma mais correta a Governança de TI.

A versão do COBIT 5 está baseada, segundo Dourado (2014), em 5 princípios: atender às necessidades dos *stakeholders*, cobrir toda a organização, aplicar um framework único e integrado, aplicar uma abordagem holística e separar a governança da gestão.

Os componentes do COBIT, segundo Gherman (2005), são utilizados para fazer com que a TI seja orientada aos objetivos do negócio e cumpra seu papel na entidade. Para tanto, as boas práticas do COBIT são organizadas em processos, cada qual visando a um objetivo de controle. Um objetivo de controle, segundo esse autor, é definido como uma declaração de um propósito ou resultado desejado a ser alcançado, por meio da implementação de controles em determinada atividade de TI.

Esses objetivos de controle, se atingidos por meio da implementação eficaz dos respectivos controles, garantem o alinhamento da TI aos objetivos do negócio. A responsabilidade pelo sucesso dos sistemas de controles é, portanto, da controladoria e dos executivos, os quais devem torná-los efetivos. Os controles internos, na visão do COBIT, são políticas, procedimentos, práticas e estruturas organizacionais, projetadas para prover razoável garantia de que os objetivos de negócio serão alcançados, e que eventos indesejáveis serão prevenidos, ou apagados e corrigidos. O COBIT representa, portanto, um conjunto de diretrizes baseadas em auditoria para processos, práticas e controles de TI, voltadas para redução de risco, e enfoca integridade, confiabilidade e segurança.

O COBIT 5 está estruturado em 4 domínios: alinhar, planejar e organizar; construir, adquirir e implementar; entregar, servir e suportar; e, monitorar, avaliar e analisar.

O primeiro domínio do COBIT 5, alinhar, planejar e organizar (APO), tem por objetivo a identificação de como a área de TI de uma organização pode contribuir para o atingimento das metas do negócio, ou seja, este domínio está relacionado com as estratégias de TI adotadas pela organização, com sua estrutura administrativa, com seus princípios de inovação e gerenciamento de portfólio. Para tanto, é fundamental que seja claramente determinado como ocorrerá a prestação de serviços de TI em uma entidade, por meio de uma clara definição das responsabilidades sobre a liberação das solicitações, objetivando o estabelecimento de prioridades para a área. A controladoria deverá participar diretamente dessa fase inicial de estruturação do plano de TI de uma entidade.

Esse domínio está dividido em 13 processos:

- APO1 – Gerenciar o Framework de Gestão de TI;
- APO2 – Gerenciar a Estratégia;
- APO3 – Gerenciar a Arquitetura Corporativa;
- APO4 – Gerenciar a inovação;
- APO5 – Gerenciar o Portfólio;
- APO6 – Gerenciar Orçamentos e Custos;
- APO7 – Gerenciar os Recursos Humanos;
- APO8 – Gerenciar as Relações;
- APO9 – Gerenciar os Acordos de Serviços;
- APO10 – Gerenciar os Fornecedores;
- APO11 – Gerenciar a Qualidade;
- APO12 – Gerenciar os Riscos;
- APO13 – Gerenciar a Segurança.

Portanto, esse domínio está focado nas estratégias da entidade, cabendo à controladoria contribuir para a identificação das melhores práticas de TI a fim de contribuir para o atingimento da missão organizacional.

O segundo domínio do COBIT 5 é o de construir, adquirir e implementar (BAI). O objetivo desse domínio é fazer com que a estratégia de TI da organização seja implementada, gerenciando todos os programas e projetos do portfólio de investimentos em TI. Nesse ponto, deverão ser identificados os requisitos necessários para construir, adquirir e implementar as estratégias traçadas de TI. A operacionalização desse domínio poderá ocorrer com a automatização de algumas funções que suportem o negócio, relacionando-se, em geral, a processos sistematizados, incluindo testes pós-implementação e aceite dos usuários sobre as manutenções. Esse domínio foi dividido em dez processos:

- BAI1 – Gerenciar Programa e Projetos;
- BAI2 – Gerenciar a Definição dos Requisitos;
- BAI3 – Gerenciar a Identificação e Construção de Soluções;
- BAI4 – Gerenciar a Disponibilidade e Capacidade;
- BAI5 – Gerenciar a Implementação de Mudança Organizacional;
- BAI6 – Gerenciar Mudanças;
- BAI7 – Gerenciar Aceite e Transição de Mudança;
- BAI8 – Gerenciar o Conhecimento;
- BAI9 – Gerenciar os Ativos;
- BAI10 – Gerenciar a Configuração.

Assim, esse domínio busca colocar a TI como um componente estratégico, cabendo à controladoria contribuir para a identificação das melhores soluções de TI, visando a uma maior integração e desenvolvimento do processo empresarial, incluindo, nesse domínio, as atualizações e manutenções dos sistemas existentes.

O próximo domínio do COBIT 5, denominado de entregar, servir e suportar (DSS), busca definir os níveis de serviços, coordenando as atividades e procedimentos necessários para atender às estratégias organizacionais. O processo se dará com a coordenação e realização das atividades necessárias para a entrega dos serviços demandados para TI, através do gerenciamento das principais atividades que envolvem a requisição de serviços de TI, bem como seus possíveis incidentes, através da gestão dos problemas e da própria continuidade, segurança e controle dos processos de negócios da organização.

Nesse domínio são definidos os parâmetros que balizarão a logística dos serviços contratados de TI, que foram divididos em seis processos:

- DSS1 – Gerenciar as Operações;
- DSS2 – Gerenciar as Requisições de Serviços e Incidentes;
- DSS3 – Gerenciar Problemas;
- DSS4 – Gerenciar a Continuidade;
- DSS5 – Gerenciar os Serviços de Segurança;
- DSS6 – Gerenciar os Controles de Processos de Negócios.

Nessa fase, a controladoria deverá atuar junto com os executivos na definição dos pré-acordos sobre prazos a serem cumpridos pelos contratados, sobre a responsabilidade das chefias envolvidas no processo de TI, além de acompanhar junto com os usuários finais da TI todo processo de implantação, treinamento, segurança e *performance* dos sistemas.

O último domínio do COBIT 5 está dividido em atividades relacionadas ao processo de monitorar, avaliar e medir TI (MEA). Os objetivos deste domínio estão relacionados à coleta, validação e medição das atividades relacionadas com os sistemas de uma entidade, tais como: tempos de atendimento às solicitações dos usuários, conformidade dos produtos demandados (nível de erros produzidos gerados no desenvolvimento dos sistemas), produtividade do pessoal envolvido no desenvolvimento, qualidade dos controles internos relacionados com os sistemas, efetividade da auditoria de sistemas etc. O acompanhamento por parte da controladoria visa, portanto, a analisar a qualidade dos serviços de TI de uma entidade e a *compliance* com os controles de serviços. Esse domínio foi dividido pelo COBIT em três processos:

- MEA1 – Monitorar, Avaliar e Medir o Desempenho e Conformidade;
- MEA2 – Monitorar, Avaliar e Medir o Sistema de Controle Interno;
- MEA3 – Monitorar, Avaliar e Medir a Conformidade com Requisitos Externos.

Os quatro domínios do COBIT 5 foram decompostos em trinta e seis processos.

Os elementos que compõem o COBIT, segundo Gherman (2005), são utilizados para fazer com que a TI seja orientada aos objetivos do negócio e cumpra seu papel na instituição. Para tanto, as boas práticas do COBIT são organizadas em processos, cada qual visando a um objetivo de controle. Um objetivo de controle pode ser definido como uma declaração de um propósito ou resultado desejado a ser alcançado, por meio da implementação de controles em determinada atividade de TI.

Esses objetivos de controle, se atingidos por meio da implementação eficaz dos respectivos controles, garantem o alinhamento da TI aos objetivos do negócio. A responsabilidade pelo sucesso dos sistemas de controles é, portanto, da alta direção, a qual deve torná-los efetivos. Os controles, na visão do COBIT, devem traduzir as políticas, procedimentos, práticas e estruturas organizacionais, projetadas para prover razoável garantia de que os objetivos de negócio serão alcançados, e que eventos indesejáveis serão prevenidos, ou apagados e corrigidos.

1.5 BS7799 e ISSO 17799

O BSI (*British Standard Institute*) foi responsável pela criação da norma BS 7799, considerada pelos pesquisadores em segurança de TI, o mais completo padrão para o gerenciamento da segurança da informação no mundo. Essa norma possibilita a implementação de um sistema de gestão de segurança baseado em controles e práticas internacionais. Em dezembro de 2000, a Parte 1 da BS 7799 se tornou norma oficial da ISO (*International Standardization for Organization*) sob o código ISO/IEC 17799. Em agosto de 2001 o Brasil adotou esta norma ISO como seu padrão, por meio da ABNT, sob o código NBR-ISO/IEC 17799.

A norma nacional de segurança de informação é dividida, segundo Gonçalves (2005) em 10 macros controles:

- política de segurança;
- segurança organizacional;
- classificação e controle dos ativos da informação;
- segurança em pessoas;
- segurança física e do ambiente;
- gerenciamento de operações e comunicações;
- controle de acesso;
- desenvolvimento da segurança de sistemas;
- gestão da continuidade do negócio;
- conformidade.

Na definição dos controles de segurança da informação, a controladoria deverá, seguindo a NBR-ISO/IEC 17799, avaliar os riscos por meio de uma consideração sistemática, considerando:

a) o impacto nos negócios como resultado de uma falha de segurança, levando-se em conta as potenciais consequências da perda de confidencialidade, integridade ou disponibilidade da informação ou de outros ativos;

b) a probabilidade de tal falha realmente ocorrer à luz das ameaças e vulnerabilidades mais frequentes e nos controles atualmente implementados.

Segundo a NBR-ISO/IEC 17799, os resultados dessa avaliação ajudarão a direcionar e determinar ações gerenciais e prioridades mais adequadas para um gerenciamento dos riscos da segurança da informação e a selecionar os controles a serem implementados para a proteção contra estes riscos. Pode ser necessário que o processo de avaliação de riscos e seleção de controles seja executado um determinado número de vezes para proteger as diferentes partes da organização ou sistemas de informação isolados.

Dentro do contexto da norma, a controladoria deverá realizar análises críticas periódicas dos riscos de segurança e dos controles implementados para:

a) considerar as mudanças nos requisitos de negócio e suas prioridades;

b) considerar novas ameaças e vulnerabilidades;

c) confirmar que os controles permanecem eficientes e adequados.

Convém que as análises críticas sejam executadas em diferentes níveis de profundidade, dependendo dos resultados das avaliações de risco feitas anteriormente e das mudanças nos níveis de riscos que a direção considera aceitável para os negócios. As avaliações de risco são sempre realizadas, primeiro em nível mais geral, como uma forma de priorizar recursos em áreas de alto risco, e então em um nível mais detalhado, para solucionar riscos específicos.

Na seleção de controles, seguindo as determinações da norma, a controladoria deverá, uma vez tendo sido identificados os requisitos de segurança, considerar quais controles serão selecionados e implementados para assegurar que os riscos são reduzidos a um nível aceitável. Os controles podem ser selecionados a partir desta Norma ou de outro conjunto de controles, ou novos controles podem ser desenvolvidos para atender às necessidades específicas, quando apropriado. Existem diversas maneiras de gerenciar os riscos e esta Norma fornece exemplos para as situações mais comuns.

De qualquer forma, é necessário reconhecer que alguns controles não são aplicáveis em todos os sistemas de informação ou ambientes e que podem não ser praticáveis para todas as organizações. Como exemplo, a seção 8.1.4 descreve como as funções podem ser segregadas para prevenir fraudes e erros. Pode não ser possível para pequenas organizações segregar todas as funções, nesse caso, outra maneira de se alcançar o mesmo objetivo de controle pode ser necessária. Como outro exemplo, as seções 9.7 e 12.1 descrevem como o uso de um sistema pode ser monitorado e como as evidências podem ser coletadas. Algum controle descrito, por exemplo, o registro de eventos, pode ser conflitante com a legislação vigente, como a proteção da privacidade de clientes ou no local de trabalho.

Alguns pontos importantes deverão ser considerados pela controladoria, seguindo essa norma, no processo de seleção dos controles. Os controles devem ser, por exemplo, selecionados baseados nos custos de implementação em relação aos riscos que serão reduzidos e às perdas potenciais se as falhas na segurança ocorrerem. Convém que fatores não financeiros, como, prejuízos na reputação da organização, sejam também levados em consideração.

Alguns dos controles nesta Norma podem ser considerados como princípios básicos para a gestão da segurança da informação e podem ser aplicados na maioria das organizações. Eles são explicados em mais detalhes no item “Ponto de partida para a segurança da informação”.

Um número de controles pode ser considerado como princípios básicos, fornecendo um bom ponto de partida para a implementação da segurança da informação. São baseados tanto em requisitos legais como nas melhores práticas de segurança da informação normalmente usadas.

Os controles considerados essenciais para uma organização, segundo a Norma, sob o ponto de vista legal, incluem:

a) proteção de dados e privacidade de informações pessoais;

b) salvaguarda de registros organizacionais;

c) direitos de propriedade intelectual.

Os controles considerados como melhores práticas para a segurança da informação incluem:

a) documento da política de segurança da informação;

b) definição das responsabilidades na segurança da informação;

c) educação e treinamento em segurança da informação;

d) relatório dos incidentes de segurança;

e) gestão da continuidade do negócio.

Esses controles se aplicam para a maioria das organizações e na maioria dos ambientes. Convém que seja notado que, embora todos os controles nesta Norma sejam importantes, a relevância de qualquer controle seja determinada à luz de riscos específicos que uma organização está exposta. Por isso, embora o enfoque acima seja considerado um bom ponto de partida, ele não substitui a seleção de controles, baseada na avaliação de risco.

1.6 Processo de avaliação de controles internos pela controladoria

O processo de avaliação dos controles por parte da controladoria representa uma das atividades mais importantes para garantir a fidedignidade das informações para o processo decisório.

Existem algumas ferramentas desenvolvidas na área de TI que facilitam o processo de Gestão e Análise de Riscos, permitindo que a Controladoria e a administração possam acompanhar e gerenciar os riscos do negócio, especialmente os riscos envolvidos com *software*, equipamentos, ambiente físico, pessoas e processos.

Seguindo a Norma Brasileira de Contabilidade 11 (NBC-T-11), do Conselho Federal de Contabilidade, na seção 11.1.4.3 – A responsabilidade primária na prevenção e identificação de fraude e erros é da administração da entidade, por meio da implementação e manutenção de adequado sistema contábil e de controle interno.

No processo de gestão de riscos, a controladoria, tendo como fundamento os parâmetros, por exemplo, da NBC-T-11, deverá avaliar o ambiente de controle da entidade, dando atenção para os seguintes parâmetros:

- a função e envolvimento dos administradores nas atividades da entidade;

• a estrutura organizacional e os métodos de administração adotados, especialmente quanto a limites de autoridade e responsabilidade;

• as políticas de pessoal e segregação de funções;

• a fixação, pela administração, de normas para inventário, para conciliação de contas, preparação de demonstrações contábeis e demais informes adicionais;

• as implantações, modificações e acesso aos sistemas de informação computadorizada, bem como acesso a arquivos de dados e possibilidade de inclusão ou exclusão de dados;

• o sistema de aprovação e registro de transações, bem como os controles adotados sobre as contas que registram as principais transações da entidade;

• as limitações de acesso físico a ativos e registros contábeis e/ou administrativos;

• as comparações e análises dos resultados financeiros com dados históricos e/ou projetados;

• as normas para elaboração de demonstrações contábeis e quaisquer outros informes contábeis e administrativos, para fins quer internos quer externos;

• a elaboração, revisão e aprovação de conciliações de contas;

• a sistemática revisão da exatidão aritmética dos registros;

• o sistema de aprovação e guarda de documentos;

• os procedimentos de inspeções físicas periódicas em ativos da entidade;

• a limitação do acesso físico a ativos e registros;

• a efetividade do processo de comparação dos dados realizados com os dados projetados.

Essa norma trata de forma específica do risco envolvido com o processamento eletrônico dos dados, destacando alguns aspectos que o processo de análise dos controles internos deverá considerar relevantes. Esses aspectos deverão ser considerados pela controladoria na sua função de controle. Os principais são:

• o volume de transações da entidade;

• as entradas de dados nos sistemas que determinam múltiplas transações, registradas de forma simultânea, especialmente nos registros contábeis, as quais não podem ser validadas independentemente;

- as transações da entidade que são intercambiadas eletronicamente com outras entidades;
- o exame da segurança dos sistemas adotados pela entidade;
- o exame da estrutura e confiabilidade dos sistemas adotados para o controle e gerenciamento das atividades da entidade;
- o grau de integração dos sistemas computadorizados com os registros contábeis da entidade, como forma de propiciar a confiabilidade das demonstrações contábeis da mesma.

Para Roehl, Anderson e Bragg (2004), a responsabilidade pela efetividade dos controles não é apenas da controladoria, mas de toda entidade. Para esses autores, ainda que o *controller* tenha um envolvimento direto no desenho e manutenção dos controles internos, ele não poderá ser o único responsável pelos controles, por isso, apontam a ordem decrescente dessa responsabilidade:

1. Conselho de administração: é o primeiro responsável pelo sistema de controle interno da entidade, assim como é responsável pela sua *performance*. Porém, como atua em nível estratégico, tem dificuldade de monitorá-lo adequadamente. Para minimizar esse problema é que a Lei *Sarbanes-Oxley* criou o Comitê de Auditoria (será apresentado a seguir), para compartilhar as responsabilidades pela qualidade dos controles. Outro setor que poderá auxiliar o Conselho nessa tarefa é a auditoria interna, supervisionada pela controladoria. Com esse auxílio, o Conselho poderá monitorar com mais efetividade a gestão de riscos, além de ordenar mudanças necessárias para aumentar a qualidade dos controles;
2. Principais executivos: considerando que são os executivos os responsáveis diretos pelas ações de uma entidade, cabe a eles a real responsabilidade pelos controles. Por isso, os executivos devem assegurar-se que os controles internos são efetivos e eficientes. Para isso, os executivos deverão, com o auxílio direto da controladoria:

- assumir a responsabilidade com os acionistas pela exatidão dos informes financeiros;
- criar e manter um sistema de controle interno apropriadamente documentado;

• criar e manter o ambiente apropriado para cumprir os controles necessários, isso pode requerer o uso de políticas, procedimentos e declarações de padrões éticos a cumprir;

• identificar os riscos inerentes ao negócio e o potencial de erros e irregularidades em vários lugares do sistema de processamento de transações.

2.1. Segundo a Sarbanes-Oxley, em sua seção 404 (Avaliação dos Controles Internos), cabe à administração certificar a integridade dos controles internos, devendo, para isso:

• emitir uma declaração da responsabilidade da administração em estabelecer e manter um sistema adequado de controle interno;

• avaliar a efetividade dos controles internos – considerações sobre fraudes envolvendo administradores com papel significativo nos controles internos;

• emitir uma declaração identificando a metodologia (framework) utilizada como critério de avaliação da efetividade dos controles;

• obter uma declaração da auditoria independente certificando a avaliação da gerência quanto aos controles internos.

3. Gerência financeira: mesmo que todos os principais executivos de uma entidade tenham a responsabilidade pela adequação dos controles, a responsabilidade da área financeira é muito grande, especialmente porque a maioria dos pontos de controle está sob o controle direto dos gerentes financeiros. A área financeira deverá:

3.1. conhecer os requisitos técnicos para a criação de um sistema de controle financeiro sólido, baseado no modelo de negócios existentes.

3.2. verificar se a quantidade de controles é suficiente e se estão instalados e se operam em forma satisfatória;

3.3. analisar se todos os controles estão sendo cumpridos corretamente, com políticas e procedimentos;

3.4. assumir a responsabilidade direta pela exatidão das informações contidas nos relatórios financeiros.

4. Auditoria interna: esse setor, supervisionado pela controladoria, é o principal responsável técnico pela efetividade e adequação de um sistema de controle interno. É um dos setores

responsáveis pela criação, revisão e efetividade do sistema de controle de várias áreas de uma entidade, bem como informar a gerência sobre a adequação dos controles e de suas deficiências. Na maioria dos casos, a auditoria interna não tem o poder de mudar os controles internos, mas de informar as deficiências;

5. Auditor externo: auxiliado pela controladoria e auditoria interna, o auditor externo deverá efetuar o estudo e avaliação do sistema contábil e de controles internos da entidade, como base para determinar a natureza, oportunidade e extensão da aplicação dos procedimentos de auditoria. Embora os controles internos sejam de responsabilidade da administração da entidade, o auditor externo deverá efetuar sugestões objetivas para seu aprimoramento, decorrentes de constatações feitas no decorrer do seu trabalho. Assim, embora não tenha responsabilidade direta sobre os controles internos, o auditor externo estará envolvido diretamente na sua qualidade e efetividade.

1.7 Função de *compliance* e a controladoria

A função de *Compliance*, no Brasil, passou a ter maior importância a partir da abertura para o mercado internacional que ocorreu no governo Collor em 1992. A partir dessa decisão política, o país viu-se obrigado a adaptar-se às regras do Mercado Mundial de alta competitividade e, simultaneamente, às normalizações dos Órgãos Reguladores Internacionais.

Compliance tem origem no verbo inglês "*To Comply*", que significa observar, estar de acordo, obedecer, cumprir, executar, ou seja, *Compliance* é o dever de cumprir, de estar em conformidade e fazer com que todos em uma entidade cumpram os regulamentos internos e externos impostos pela sociedade. Por isso, a controladoria tem o papel principal de fazer com que a entidade esteja engajada na sua totalidade às regras internas e externas que impactam o dia a dia de uma gestão. Portanto, é sua responsabilidade fazer com que a entidade e seus colaboradores estejam em conformidade com leis e regulamentos internos e externos, ou seja, fazer com que a entidade esteja em *Compliance*.

O não atendimento às regras poderá acarretar penalidades, com impactos tanto na reputação da entidade, como no seu fluxo de caixa, uma vez que as sanções legais poderão gerar multas, ou o próprio mercado pode não aceitar sua postura contrária às regras estabelecidas. Isso se caracteriza como Risco de *Compliance*, ou seja, o risco de que sanções legais ou regulatórias gerem impactos financeiros negativos ou de reputação para uma entidade por não cumprimento de leis, regulamentos etc.

A missão de *Compliance*, segundo a FEBRABAN (2005, PG. 9), é "Assegurar, em conjunto com as demais áreas, a adequação, fortalecimento e o funcionamento do Sistema de Controles Internos da Instituição, procurando mitigar os Riscos de acordo com a complexidade de seus negócios, bem como disseminar a cultura de controles para assegurar o cumprimento de leis e regulamentos existentes".

A FEBRABAN (2005) apresenta um histórico das principais causas da criação das atividades de *Compliance*, sendo que os principais fatos e fases que geraram seu desenvolvimento podem ser sintetizados como os seguintes:

• 1913 – criação do Banco Central Americano (Board of Governors of the Federal Reserve) para implementar um sistema financeiro mais flexível, seguro e estável;

• 1929 – quebra da Bolsa de New York, durante o governo liberal de Herbert Clark Hoover;

• 1932 – criação da Política Intervencionista "New Deal", durante o governo democrata de Franklin Roosevelt, que implantou os conceitos Keynesianos, onde o Estado deve intervir na Economia, a fim de corrigir as distorções naturais do capitalismo;

• 1933/34 – diversos acontecimentos importantes:

- congresso americano vota medidas com vistas a proteger o mercado de títulos de valores mobiliários e seus investidores – Securities Act;

- criação da SEC – Securities and Exchange Commission; com exigência de registro do prospecto de emissão de títulos e valores mobiliários.

• 1940 – *Investment Advisers Act* (registro dos consultores de investimento) e *Investment Company Act* (registro de fundos mútuos);

• 1945 – conferências de Bretton Woods – Criação do Fundo Monetário Internacional e do BIRD, com o objetivo básico de zelar pela estabilidade do Sistema Monetário Internacional;

• 1950 – *Prudential Securities* – contratação de advogados para acompanhar a legislação e monitorar atividades com valores mobiliários;

• 1960 – era do *COMPLIANCE*;

• a SEC passa a insistir na contratação de *Compliance Officers*, para:

- criar procedimentos internos de controles;
- treinar pessoas;
- monitorar, com o objetivo de auxiliar as áreas de negócios a ter a efetiva supervisão.

• 1970 – desenvolvimento do mercado de opções e metodologias de *Corporate Finance, Chinese Walls, Insider Trading* etc.;

• 1974 – o mercado financeiro mundial apresenta-se perplexo diante do caso *Watergate*, que demonstrou a fragilidade de controles no governo americano, em que se viu o mau uso da máquina político-administrativa para servir a propósitos particulares e ilícitos. Criação do Comitê da Basiléia para Supervisão Bancária;

• 1980 – a atividade de *Compliance* se expande para as demais atividades financeiras no mercado americano;

• 1988 – foi estabelecido o primeiro acordo de capital da Basiléia, estabelecendo padrões para a determinação do Capital mínimo das instituições financeiras. Acontece a Convenção das Nações Unidas contra o Tráfico Ilícito de Entorpecentes e de Substâncias Psicotrópicas, Viena;

• 1990 – Surgem as 40 recomendações sobre lavagem de dinheiro da *Financial Action Task Force* - ou Grupo de Ação Financeira sobre Lavagem de Dinheiro (GAFI/FATF) - revisadas em 1996 e referidas como Recomendações do GAFI/FATF. Criação do CFATF – *Caribbean Financial Action Task Force*;

• 1992 – elaboração pela Comissão Interamericana para o Controle do Abuso de Drogas (CICAD) e aprovação pela Assembleia Geral da Organização dos Estados Americanos (OEA) do "Regulamento Modelo sobre Delitos de Lavagem Relacionados com o Tráfico Ilícito de Drogas e Outros Delitos Graves";

• 1995 – importantes acontecimentos e mudança das regras prudenciais:

- a fragilidade no sistema de controles internos contribuiu fortemente à falência do Banco Barings;

- Basiléia I – publicação de regras prudenciais para o mercado financeiro internacional;

- criação do grupo de Egmont com o objetivo de promover a troca de informações, o recebimento e o tratamento de comunicações suspeitas relacionadas à lavagem de dinheiro provenientes de outros organismos financeiros;

- 1996 – complementado o primeiro acordo de capital de 1988 para inclusão do risco de mercado dentro do cálculo do capital mínimo definido em 1988 pelo Comitê de Supervisão Bancária da Basiléia;

- 1997 – divulgação pelo Comitê da Basiléia dos 25 princípios para uma Supervisão Bancária Eficaz, com destaque para seu Princípio de n.º 14: "Os supervisores da atividade bancária devem certificar-se de que os bancos tenham controles internos adequados para a natureza e escala de seus negócios. Esses devem incluir arranjos claros de delegação de autoridade e responsabilidade: segregação de funções que envolvam comprometimento do banco, distribuição de seus recursos e contabilização de seus ativos e obrigações; reconciliação destes processos; salvaguarda de seus ativos; e funções apropriadas e independentes de Auditoria Interna e Externa e de Compliance para testar a adesão a estes controles, bem como a leis e regulamentos aplicáveis". Criação da AGP – *Asia/Pacific Group on Money Laundering*;

- 1998 – era dos controles internos:

- Comitê de Basiléia – publicação dos 13 princípios concernentes a Supervisão pelos Administradores e Cultura / Avaliação de Controles Internos, tendo como fundamento a ênfase na necessidade de Controles Internos efetivos e a promoção da estabilidade do Sistema Financeiro Mundial;

- regulamentação no Brasil:

- publicação pelo Congresso Nacional da Lei 9613/98, que dispõe sobre crimes de lavagem ou ocultação de bens, a prevenção da utilização do Sistema Financeiro Nacional para atos ilícitos previstos na referida lei e cria o Conselho de Controle de Atividades Financeiras (COAF);

▪ o Conselho Monetário Nacional, adotando para o Brasil os conceitos dos 13 Princípios concernentes a Supervisão pelos Administradores e Cultura / Avaliação de Controles Internos do Comitê da Basiléia, publicou a Resolução n.º 2554/98 que dispõe sobre a implantação e implementação de sistema de controles internos.

▪ início de estudos sobre o Basiléia II – Regras Prudenciais;

▪ declaração Política e o Plano de Ação contra Lavagem de Dinheiro, adotados na Sessão Especial da Assembleia Geral das Nações Unidas sobre o Problema Mundial de Drogas, Nova Iorque.

• 1999 – criação do *Eastern and Southern Africa Anti-Money Laundering Group* (ESAAMLG);

• 2001 – falha nos Controles Internos e fraudes contábeis levam a ENRON à falência;

- criação do GAFISUD - Uma organização intergovernamental, criada formalmente em 08/12/2000, com o objetivo de atuar em Prevenção à Lavagem de Dinheiro em âmbito regional, agregando países da América do Sul.

• 2001 – *US Patriot Act;*

• 2002 – falha nos controles internos e fraudes contábeis levam à concordata da WORLDCOM;

- congresso americano publica o "Sarbanes-Oxley Act", que determinou às empresas registradas na SEC a adoção das melhores práticas contábeis, independência da Auditoria e criação do Comitê de Auditoria;

- resolução 3056 do CMN que altera a resolução 2554 dispondo sobre a atividade de Auditoria sobre Controles Internos.

• 2003 – O Conselho Monetário Nacional publica:

- Resolução 3198 que trata da auditoria independente e regulamenta a instituição do Comitê de Auditoria, com funções semelhantes àquelas publicadas pelo "Sarbanes-Oxley Act";

- Carta-Circular 3098 que dispõe sobre a necessidade de registro e comunicação ao BACEN de operações em espécie de depósito, provisionamentos e saques a partir de R$ 100.000,00 (cem mil reais);

- Comitê de Supervisão Bancária da Basiléia – Práticas recomendáveis para Gestão e Supervisão de Riscos Operacionais. Como se pode perceber, desde a quebra da Bolsa de Nova York

(Final da Década de 20), temos sinais claros de movimentos buscando a melhoria do sistema de controles internos. Desde a década de 50, com a publicação da *Prudential Securities*, que instituiu a contratação de advogados para acompanhar a legislação e monitorar atividades com valores mobiliários, existem registros de ações de *Compliance*.

A controladoria deverá focar sua atenção na função de *Compliance* aplicada aos sistemas de controles internos, que, segundo a FEBRABAN (2009), possui as seguintes aplicabilidades:

- leis – certificar-se da aderência e do cumprimento;
- princípios éticos e de normas de conduta - assegurar-se da existência e observância;
- regulamentos e normas - assegurar-se da implementação, aderência e atualização;
- procedimentos e controles internos - assegurar-se da existência de procedimentos associados aos processos;
- sistema de informações - assegurar-se da implementação e funcionalidade;
- planos de contingência - assegurar-se da implementação e efetividade por meio de acompanhamento de testes periódicos;
- segregação de funções - assegurar-se da adequada implementação da segregação de funções nas atividades da Instituição, a fim de evitar o conflito de interesses;
- prevenção à lavagem de dinheiro - fomentar a cultura de prevenção à lavagem de dinheiro, por meio de treinamentos específicos;
- cultura de controles - fomentar a cultura de controles em conjunto com os demais pilares do sistema de controles internos na busca incessante da sua conformidade;
- relatório do sistema de controles internos (gestão de *compliance*) – avaliação dos riscos e dos controles internos – elaborar ou certificar-se da elaboração do referido relatório com base nas informações obtidas junto às diversas áreas da instituição, visando a apresentar a situação qualitativa do sistema de controles internos;

- participar ativamente do desenvolvimento de políticas internas, que previnam problemas futuros de não conformidade e a regulamentação aplicável a cada negócio;
- relações com órgãos reguladores e fiscalizadores – assegurar-se de que todos os itens requeridos pelos reguladores sejam prontamente atendidos pelas várias áreas da instituição financeira assertivamente e com representatividade e fidedignidade;
- relações com auditores externos e internos:
    - assegurar-se que todos os itens de auditoria relacionados a não conformidade com as leis, regulamentações e políticas da Instituição sejam prontamente atendidos e corrigidos pelas várias áreas da instituição;
    - manter a sinergia entre as áreas de auditoria interna, auditores externos e *compliance*.
- relações com associações de classe e importantes participantes do mercado para promover a profissionalização da função e auxiliar na criação de mecanismos renovados de revisão de regras de mercado, legislação e regulamentação pertinentes, em linha com as necessidades dos negócios, visando a integridade e credibilidade do sistema financeiro.

A gestão de riscos a partir dos sistemas de controles internos passa, portanto, pela correta definição da função de *compliance* em uma entidade. Cabe aos executivos a responsabilidade pela existência de um sistema de controles internos que seja adequado ao potencial de risco dos negócios. Embora a responsabilidade direta seja dos executivos, cabe à controladoria criar um sistema que proporcione segurança operacional para a entidade. Esse papel de gestor de *compliance*, normalmente definido como oficial de *compliance*, deverá ser exercido pela controladoria, que deverá criar uma adequada estrutura administrativa para assegurar a funcionalidade da entidade.

No papel de oficial de *compliance*, a controladoria deverá fazer com que todos colaboradores conheçam, apliquem e desenvolvam controles internos adequados aos riscos de seus negócios. A FEBRABAN (2009) é bem clara quando afirma que a entidade deverá estruturar a função *compliance* de forma independente e autônoma das demais áreas da Instituição, para evitar os conflitos de interesses e assegurar a isenta e atenta leitura dos fatos, visando a busca da conformidade por meio de ações corretivas/preventivas sendo munida com informações relevantes. Nesse contexto, fica evidente que a única área capaz de estruturar a função de *Compliance* é a controladoria.

O foco da gestão de *Compliance* caracterizará, portanto, a busca pela efetividade e conformidade dos controles internos, e realiza-se por meio da controladoria e de todos colaboradores, por meio da efetiva monitoração dos processos de negócios. Essa monitoração busca abrandar os riscos das atividades por meio da constante adequação dos controles ao processo operacional de uma entidade, sempre procurando o aumento da qualidade dos controles.

Assim, a atuação da controladoria na gestão de *compliance* estará focada na constante criação, monitoramento e avaliação dos controles, assegurando:

- a existência de políticas e normas próprias e úteis para a entidade;
- a identificação de pontos de controle das atividades na busca do abrandamento dos riscos operacionais;
- a geração de informações sobre os riscos operacionais identificados, para que juntamente com os executivos possam criar alternativas para melhoria dos controles.

A FEBRABAN (2009) aponta algumas diferenças fundamentais entre as atividades da auditoria interna e da *compliance*. Para eles, a auditoria interna é uma atividade independente, de avaliação objetiva e de consultoria, destinada a acrescentar valor e melhorar as operações de uma organização. A auditoria interna assiste a organização na consecução dos seus objetivos, por meio de uma abordagem sistemática e disciplinada, na avaliação da eficácia da gestão de risco, do controle e dos processos de governança. Contudo, para executar seu trabalho é preciso que o profissional da auditoria interna esteja inteirado sobre as atividades desenvolvidas pelo *compliance*, com o estabelecimento de um trabalho em parceria, coordenado onde, quando de suas visitas, a Auditoria possa munir-se das informações relevantes, principalmente sobre o resultado da identificação e avaliação dos controles e riscos.

Portanto, segundo a FEBRABAN (2009), as atividades desenvolvidas por estas áreas não são idênticas, mas sim complementares, pois, enquanto a Auditoria Interna efetua seus trabalhos de forma aleatória e temporal, por meio de amostragens, a fim de certificar o cumprimento das normas e processos instituídos pela Alta Administração, o *compliance* executa suas atividades de forma rotineira e permanente, sendo responsável por monitorar e assegurar de maneira corporativa e tempestiva que as diversas unidades da Instituição estejam respeitando as regras aplicáveis a cada negócio, por meio do cumprimento das normas, dos processos internos, da prevenção e do controle de riscos envolvidos em cada atividade. *compliance* é um braço dos Órgãos Reguladores junto a Administração, no que se refere à segurança, respeito a normas e controles, na busca da conformidade.

1.8 Ineficiência dos controles internos

Normalmente, verifica-se que as entidades possuem uma grande preocupação com a criação de sistemas de controles internos que sejam eficazes na gestão de riscos organizacionais, porém, na maioria dos casos torna-se muito difícil o processo inverso, ou seja, a eliminação de controles em excesso ou ineficientes.

A habilidade de eliminar os controles não eficazes é tão importante quanto a habilidade de criá-los, considerando que os controles devem auxiliar o processo de gestão e não burocratizar a operacionalidade de uma entidade.

Muitos pesquisadores da área de controles internos apontam que é preciso primeiro conhecer como os processos internos foram criados para que novos problemas sejam evitados como resultado de um programa de avaliação e melhoria dos controles já existentes. Isso se deve ao fato de que um controle é criado como resultado de um processo consistente de análise e planejamento. Assim, ele tem origem de uma causa definida e de uma finalidade específica.

Na fase de desenvolvimento do sistema de controles internos já deve ser estabelecida a periodicidade de sua reavaliação. Nessa fase deverá ser analisada a necessidade de revisão, ou numa situação extrema, sua eliminação. Porém, em muitas entidades essa reavaliação somente acontecerá quando alguma falha for identificada gerando, portanto, uma atitude reativa e não proativa que caracterizaria uma gestão de risco mais eficaz.

Além disso, muitos pesquisadores defendem que uma das melhores alternativas para evitar que uma entidade seja prejudicada pelos próprios controles internos é questionar periodicamente qual a real finalidade de cada processo executado. Em muitos casos, uma simples análise rotineira poderá identificar problemas gerados por controles em excesso ou insuficientes. Assim, para evitar que os controles internos sejam prejudiciais, a controladoria deverá estar constantemente monitorando a validade dos atuais controles e a necessidade de implantar novos para melhor gerenciamento do risco.

Esse monitoramento que a controladoria deverá estar continuamente realizando, se materializa por um conjunto de investigações sobre as principais atividades da entidade, por meio, por exemplo, de entrevistas com os principais colaboradores, objetivando o constante entendimento do fluxo das atividades para que possa traduzir essas informações em fluxos de fácil entendimento e acompanhamento. A revisão dos controles poderá ser programada para cada semestre, por exemplo, a partir do profundo entendimento dos fluxos dos principais processos da entidade. Nessa revisão a controladoria deverá examinar os controles internos existentes com o intuito de emitir um relatório sobre a qualidade da gestão de risco, para que os executivos estejam conscientes dos possíveis problemas que podem ocorrer por falta ou ineficiência dos controles. Além disso, a controladoria também poderá indicar a necessidade de que controles ineficazes sejam eliminados, em função de mudanças internas ou externas à entidade.

Essa fase de monitoramento dos controles desenvolvido pela controladoria deverá ter seu foco nos processos críticos da entidade, ou seja, naqueles processos que estão intimamente ligados ao atingimento da missão institucional. Esse processo de seletividade será necessário considerando o risco de deixar passar problemas que podem afetar sobremaneira a entidade em função do foco em operações de menor risco operacional. Para esses processos menos arriscados, a controladoria deverá efetuar um processo de análise em períodos mais espaçados.

Outro fator importante que a controladoria não deverá desconsiderar é o custo de implantação de novos controles, não somente em termos de gasto com a implantação, mas impacto financeiro com o novo procedimento de controle, podendo trazer novas atividades que burocratizarão as decisões executivas, podendo ter impactos no próprio fluxo de caixa da entidade. Os controles não devem ser travas para o processo de decisão, mas uma ferramenta auxiliar no atingimento das metas organizacionais.

Para eliminar controles ineficazes, a controladoria deverá classificar os controles em críticos (ou primários) e não críticos (ou secundários), e focar sua atenção no risco de eliminar os críticos, considerando o impacto que poderá trazer para a entidade. A eliminação dos controles não críticos ineficazes poderá ser feito de forma menos rigorosa, considerando que o impacto causado por um erro na eliminação poderá não causar significativos problemas para o processo decisório. Ao contrário, a eliminação equivocada de controles críticos poderá causar danos expressivos e de difícil recuperação. O processo de eliminação de controles deverá ser antecedido por uma consistente análise, para que não haja comprometimento da gestão empresarial.

Um fator motivacional de eliminação ou revisão de controles internos é uma mudança significativa em processos internos de uma entidade. Essas alterações deverão ser acompanhadas de análises sobre a necessidade de adaptações aos controles já existentes ou a criação de novos controles.

Como a eliminação ou revisão dos controles envolverá outros departamentos, a controladoria deverá compartilhar as necessidades de mudanças com os colaboradores envolvidos, para que não existam reações contrárias às alterações, o que poderia causar aumento de risco operacional pelo uso indevido ou pela rejeição dos controles propostos.

Outro ponto importante que deverá ser constantemente monitorado pela controladoria é a verificação se as determinações de eliminação de pontos de controles ou de mudanças significativas estão realmente acontecendo. Esses movimentos contrários podem ocorrer em função das próprias mudanças que ocorrerão nos processos, causando desconfortos aos colaboradores pelas alterações nos controles ou até, em sentido mais extremo, porque as mudanças propostas não são as mais apropriadas. A controladoria deverá receber constante *feedback* sobre a eficácia dos novos controles nos processos operacionais da entidade.

Portanto, o papel da controladoria não está apenas em acompanhar a operacionalidade dos controles, mas verificar a necessidade de criação de novos controles ou de alterar os já existentes. Esse processo de gestão de risco requer um constante monitoramento dos controles internos para que não representem uma trava no processo de gestão organizacional.

Juntamente ao processo de monitoramento dos controles, a controladoria também deverá direcionar sua atenção às possibilidades de ocorrência de fraudes causadas por falhas nos controles internos.

Essa possibilidade de ocorrências de fraudes gera uma necessidade de que a controladoria tenha conhecimento dos tipos de fraudes que podem ocorrer, tanto causadas por ações internas, como ações externas à entidade.

Fraudes ocorridas em empresas norte-americanas, como já discutido anteriormente, na *WorldCom* e *Emron* foram os principais motivadores da promulgação pelo governo dos Estados Unidos do ato de 2002 da Sarbanes-Oxley, legalizado em 30 de julho de 2002. Essas fraudes resultaram numa grande perda de confiança pública nas informações financeiras das corporações e em seus sistemas de controles internos.

Esse impacto pode ser percebido em algumas pesquisas realizadas na época da promulgação da lei, tais como:

- 77% do público acredita que a ganância e corrupção dos chefes executivos causaram a queda financeira norte-americana (CNN/ USA Today, Julho 2002);
- 71% dos investidores afirmam que a fraude contábil é excessiva (Pesquisa a Investidores na Main Street, Julho 2002);
- 82% dos investidores acreditam que são necessárias novas leis mais rígidas (Harris Poll, Julho 2002 - Harris Poll é uma empresa de pesquisa);
- 54% dos gerentes dizem que "não há apenas algumas maçãs podres entre as empresas" (F.D. Morgan Walke Poll, Agosto 2002);
- 81% dos gerentes financeiros e analistas acham que os executivos colocam seus próprios interesses na frente dos acionistas (Broadgate Consultants, Março 2002);

- 71% dos gerentes financeiros dizem que o pagamento do executivo é muito alto e 0% dizem que é muito baixo ou justo (Pearl Meyer, Junho 2002);
- 70% das fraudes financeiras das corporações estudadas entre 1987 e 1999 envolviam Chefes Executivos (The Wall Street Journal, Julho 2002).

Segundo Correa (2006), fraudes podem ser definidas como atos ilegais cometidos visando a desviar os objetivos e processos pré-estabelecidos Interna e externamente às corporações. Essas fraudes, segundo essa autora, podem ser divididas em:

- ERRO - Omissões ou declarações errôneas não intencionais;
- IRREGULARIDADES - Comportamento ou ação intencional que constitui um crime ou uma falta;
- ATOS ILEGAIS - Contrários à Prescrição da Lei;
- FRAUDES - Uso de falhas para obter vantagem financeira ilegal ou injusta.

O montante de perdas com fraudes no mercado norte-americano, segundo uma pesquisa da *ACFE - Association of Certified Fraud Examiners*, apresentada por Correa (2006), pode gerar uma perda de até 6% da Receita Líquida das Empresas, totalizando US$ 400 Bilhões de dólares por ano. Nessa mesma pesquisa, foi apontado que nos Estados Unidos, as organizações perdem cerca de US$ 4.500 por empregado anualmente como resultado de fraude ocupacional. Além disso, Correa (2006) aponta que 46% das fraudes ocorrem devido a controles insuficientes e que 40% das fraudes exploram situações em que os controles são ignorados.

Para Correa (2006), as fraudes geram além dos custos diretos, significativas perdas como:

- perda de confiança do cliente:
  → redução de receitas;
- imagem negativa:
  → queda do valor das ações;
  → gastos com divulgação para esclarecimentos;
- baixa moral dos empregados:
  → menor produtividade;
  → inabilidade para manter e atrair pessoal qualificado.

Segundo Correa (2006), uma pesquisa realizada no Brasil apontou que 70% das fraudes é motivada por falhas em controles internos. Por outro lado, 51% das fraudes são descobertas pelos controles internos. Para prevenir a ocorrência de fraudes, a autora aponta os seguintes procedimentos:

- melhoria dos controles internos;
- treinamento do pessoal envolvido nos processos administrativos;
- criação de manuais de conduta para os colaboradores;
- investigações especiais em caso de ocorrência de fraudes;
- aumento do orçamento da controladoria para investir em mais auditorias internas;
- busca de maior sensibilização dos gestores para a possibilidade de ocorrência de fraudes;
- rodízio de colaboradores em todas as áreas críticas.

Para a controladoria a ocorrência de fraudes significa uma ineficiência em suas atividades, considerando que é sua a responsabilidade pela gestão de risco de uma entidade.

Existem basicamente dois tipos de indicadores de fraude. O primeiro está relacionado com o alto escalão da entidade e o segundo com os colaboradores operacionais.

Assim, a forma de atuação e direção da alta gerência podem ser indicativos diretos de fraude. A possibilidade de identificação de fraudes no alto escalão poderá ser dificultada pelo envolvimento direto da controladoria na gestão da entidade. A saída para esse problema é contar com a participação de agentes externos na detecção de fraudes, por exemplo, a participação da auditoria externa no processo de revisão dos controles possibilita a identificação de falhas e possíveis fraudes. Os principais indicadores de fraude envolvendo o alto escalão organizacional, segundo Roehl, Anderson e Bragg (2004) são:

- administrações com uma estrutura organizacional complexa: entidades com estruturas complexas geram uma dificuldade de identificação de fraudes, especialmente se os administradores criaram essa estrutura com o propósito de ocultar transações fraudulentas;

• administrações com excessivo direcionamento para atingir altos lucros: a busca incessante de mecanismos alternativos para o atingimento de padrões excessivos de lucros pode ser um indicativo de fraude. Pode parecer motivador, mas se as metas são extremamente difíceis de serem atingidas, existe uma considerável possibilidade de fraudes no atingimento dessas metas, especialmente quando parte da remuneração está associada a essas metas, como aconteceu recentemente em algumas fraudes de empresas americanas;

• administrações com atitudes fora do padrão na elaboração das demonstrações contábeis: os gestores podem exigir que procedimentos fora do padrão sejam adotados para registro e reporte de transações, gerando lucros acima do que seriam considerados normais segundo os princípios de contabilidade. Em muitos casos, é possível que a própria controladoria não perceba essas tentativas de criação de procedimentos alternativos para melhorar o resultado da entidade;

• administrações que não aceitam investir na gestão de risco: caso o foco dos gestores seja direcionado somente para a geração de lucros, é possível que investimentos em controles internos não sejam aprovados para não impactar no resultado. Isso pode ser motivado não para aumentar os lucros, mas para encobrir fraudes arquitetadas pela alta administração;

• administração centralizada em uma única pessoa: caso a gestão seja do acionista majoritário ou de um único gestor (CEO), a possibilidade de discussão em torno da gestão é muito difícil para o próprio *controller*. Situações como essas podem criar ambientes favoráveis a ocorrência de fraudes. O risco é alto nessas situações porque o CEO tem absoluta autoridade para decidir tudo. Nenhum controle será totalmente efetivo nessa situação;

• administrações que preferem uma excessiva descentralização: por outro lado, gestores que têm preferência pelo excesso de descentralização e por um mínimo de controle para facilitar a gestão e a autonomia local, podem criar ambientes que favoreçam a ocorrência de fraudes e dificultando a gestão de risco pela controladoria;

• alta rotatividade da alta administração: uma grande rotatividade entre os cargos gerenciais pode indicar que problemas estejam ocorrendo, porém, os administradores preferem afastar-se do cargo ao invés de assumirem a responsabilidade de denunciar as fraudes;

• clientes ou fornecedores estão processando a entidade: ações judiciais podem ser indicativas de fraudes causadas pelo não pagamento a fornecedores ou não cumprimento de compromisso com clientes. Esses processos frequentemente escapam da atenção do controller, uma vez que são gerenciados pela área jurídica da entidade. Por isso, a controladoria deverá atuar constantemente na verificação dos processos em que a entidade esteja envolvida;

• administrações impondo um ritmo de crescimento fora do normal: caso uma entidade esteja atravessando um período de crescimento explosivo, será extremamente difícil manter um sistema de controle interno atualizado, isso porque novos colaboradores estarão sendo diuturnamente contratados e novas atividades estarão sendo criadas para atender às novas demandas geradas pelo crescimento de entidade. Esses fatores podem favorecer a ocorrência de fraudes em que a controladoria consiga acompanhar corretamente a operacionalidade da entidade;

• administrações adquirindo um grande número de companhias: quando o processo de aquisição de novas entidades é muito rápido, há possibilidade de que transações anormais estejam ocorrendo em virtude da falta de tempo para uma análise mais consistente dos novos investimentos. Nas novas entidades adquiridas podem estar ocorrendo fraudes que serão de difícil identificação pela controladoria, até pelo próprio desconhecimento das atividades que são realizadas no dia a dia. Até que a controladoria consiga gerenciar corretamente o risco dessas novas entidades, a possibilidade de impedir novas fraudes ou de detectar as já existentes é muito difícil.

Por outro lado, as possíveis fraudes que estejam relacionadas com os demais colaboradores de mais baixo escalão, possuem menos risco de gerarem grandes impactos no patrimônio das entidades, embora o número de ocorrência seja muito maior.

Essas fraudes de menor impacto, normalmente não requerem sistemas de controles especiais, mas o *controller* deverá utilizar-se de procedimentos que minimizem a possibilidade de ocorrência dessas fraudes, adotando procedimentos como:

- controle do uso de cheques e transferências eletrônicas das contas da entidade, verificação de baixas excessivas de contas incobráveis, podendo indicar baixas indevidas;
- identificação de erros significativos nas contas contábeis de estoques e seus saldos reais;
- análise constante de ajustes nas contas a receber, podendo indicar baixas de clientes sem o efetivo pagamento ou desvio dos valores recebidos;
- não permitir que colaboradores fiquem sem supervisão por muito tempo, criando oportunidades de fraudes pela falta de supervisão;
- identificação de gastos pessoais exagerados por parte de colaboradores que não recebem o suficiente para manter altos padrões de vida;
- análise de compras de ativos sendo feitas sempre do mesmo fornecedor, podendo indicar algum tipo de favorecimento;
- identificação de vendas de ativos por preços baixos ou sem o devido recebimento dos valores devidos;
- identificar a existência de colaboradores que não tiram férias por longos períodos em função da possibilidade de descoberta de fraudes que estejam sendo praticadas;
- endereço do fornecedor coincide com o endereço do colaborador: um forte indício de fraude pode ser essa coincidência, considerando que o colaborador pode estar criando faturas de uma companhia fictícia e o pagamento tem que ser enviado para o seu próprio endereço.

Embora muitos desses indícios possam indicar a possibilidade da ocorrência de fraudes, a controladoria deverá ter muito cuidado para não causar constrangimentos a colaboradores que não tenham causado nenhum dano à entidade.

Portanto, a controladoria deverá direcionar seus esforços para as possíveis fraudes que tenham impacto significativo no patrimônio da entidade, sem descuidar das pequenas fraudes que ocorrem mais constantemente nas entidades. O problema está em calibrar os esforços com o objetivo de que não ocorram fraudes de grande impacto, embora em muitos casos seja muito difícil prever a sua ocorrência. Para isso, a controladoria deverá criar mecanismos de detecção e sinalização da ocorrência de indícios de fraudes assim que elas ocorrerem. A controladoria deverá criar canais de comunicação para que colaboradores que não estejam envolvidos nas fraudes informem a ocorrência, sem se comprometerem com a situação. Isso pode ser feito por meio de linhas de comunicação sem a identificação da origem.

O constante monitoramento dos controles internos pode ser uma ferramenta capaz de ajudar na detecção de fraudes mais comuns que estejam ocorrendo em uma entidade.

2 GESTÃO DE INFORMAÇÕES

2.1 Aspectos introdutórios

Dentre as atividades da controladoria a mais importante e que melhor caracteriza suas atividades é o gerenciamento informacional.

Cabe à controladoria, de forma primária, preparar, analisar e interpretar todas as informações que serão disponibilizadas no sistema de informações e que servirão de base para os administradores no processo de tomada de decisão. Além dessa função principal, a controladoria deverá supervisionar a preparação das demonstrações externas que servirão de reporte para o governo, acionistas, instituições financeiras, fornecedores e público em geral.

Para que seja possível aprofundar o entendimento sobre a responsabilidade da controladoria na gestão informacional, é preciso que se conheça como ocorre o processo de comunicação dentro de uma entidade. Para isso, será necessária uma breve análise do que é a teoria da comunicação e de como a Controladoria pode inserir-se neste contexto.

A teoria da comunicação, como apresenta Littlejohn (1982, p.20), pode ser entendida "[...] como qualquer representação ou explicação conceitual do processo de comunicação". Dentro de um contexto de análise mais amplo do que seja uma teoria, é importante destacar que ela sempre representa uma abstração da realidade. Por isso, toda teoria se concentra em certos aspectos de um processo, não revelando a totalidade da verdade sobre algo. Isto se deve, principalmente, porque as teorias são construções humanas, não divinas. Elas representam o que os observadores estão observando a sua volta, mas não toda realidade.

Uma teoria é composta de quatro elementos básicos: conceitos, relações, explicações e previsões e enunciados e prescrições de valor. Uma teoria pode não possuir todos estes elementos, ou alguns podem se destacar mais do que outros, o que não invalida a teoria em si.

O primeiro componente de uma teoria é seu conjunto de conceitos. "A totalidade do mundo simbólico de uma pessoa - tudo que ela sabe ou diz - é função da formação de conceitos." (LITTLEJOHN, 1982, p. 21). A conceituação de algo consiste em agrupar eventos e coisas em categorias, de acordo com as características comuns verificadas pelo observador. Em se tratando de comunicação, o teórico observa as variáveis envolvidas no processo de comunicar e as classifica e rotula de acordo com os padrões percebidos. Como afirma Kaplan (*apud* Littlejohn, 1982, p.22), "à medida que aumenta o conhecimento de determinada matéria, muda nossa concepção dessa matéria; quando os nossos conceitos se tornam mais adequados, podemos aprender cada vez mais". Assim, quanto melhores forem os conceitos, melhor será a teoria formulada com eles.

O segundo elemento de uma teoria são as relações entre seus conceitos. Littlejohn (1982) apresenta quatro formas de relações teóricas. A primeira é a suposição, ou seja, existe uma relação presumida ou conjetural, a partir do qual se seguem logicamente as outras relações previstas. É preciso uma profunda análise da lógica da teoria para que se possa acompanhar o raciocínio retrospectivo, até se chegar às verdadeiras premissas subentendidas nas previsões teóricas. A segunda forma de relação é a hipótese, a partir do qual é apresentada uma suposição de relações a ser testada de alguma forma. Uma terceira forma é através dos enunciados de fato. Uma vez verificada uma hipótese, a relação específica é considerada um fato. A última forma de relação são as chamadas leis. A análise de uma relação específica caracteriza um fato e um agrupamento geral de fatos constitui uma lei. Um fato é considerado específico, enquanto uma lei é considerada geral.

O terceiro componente, explicações e previsões assemelha-se muito com os dois primeiros componentes. Para os estudiosos de teoria, muitas proposições teóricas não atingem este nível. A explicação descreve as relações dos elementos e tenta explicar por que tais relações existem. Normalmente as relações causais são explicadas por meio do modelo dedutivo, ou seja: "se...então". Esta explicação é fundamental para atingir o grau de previsão. Se for possível compreender o que acontece quando existem certas relações, será mais fácil determinar o que poderá acontecer num certo contexto em que as relações conhecidas estão presentes.

O último elemento de uma teoria são os enunciados e prescrições de valor. Mesmo que muitos teóricos defendam sua objetividade, dificilmente não colocam valores pessoais em suas teorias. No caso da teoria da comunicação, vários são os princípios, orientações, prescrições e enunciados implícitos, ou explícitos, do que é bom ou mau no processo de comunicação.

Uma teoria caracteriza-se por um processo de constante verificação, formulação e reverificação. Com o passar do tempo, as teorias mudam, desenvolvem-se e aperfeiçoam-se para melhor explicar a realidade.

Para Popper (1986), a ciência é feita por meio de uma permanente construção de hipóteses e de seu cotejamento com a realidade. A ciência, para ele, é formada por uma sucessão de pensamentos, frutos da imaginação criadora do homem, que historicamente se aproxima cada vez mais da verdade (ao mesmo tempo, num certo grau, transforma essa mesma verdade ao transformar o mundo que nos cerca, parecendo afastá-la para uma fronteira cada vez mais distante), sempre capaz de uma explicação cada vez mais abrangente dos fenômenos observáveis, movida sempre pela crítica de nossos erros e pela refutação sucessiva das teorias, uma após a outra, refutações estas que colocarão novos problemas a serem enfrentados e novas perguntas a serem respondidas. Popper (1986) afirma que o progresso científico demonstrou consistir, não em acumulação de observações, mas em superação de teorias menos satisfatórias e sua substituição por teorias melhores, ou seja, por teorias de maior conteúdo.

Dentro do estudo multidisciplinar da teoria da comunicação, Knower (*apud* Littlejohn, 1982) destaca três tipos de disciplinas interessadas na comunicação. As disciplinas de processo que enfatizam o processo de comunicação desde um ponto de vista acadêmico como a antropologia, sociologia, linguística e a psicologia. As disciplinas do comportamento de comunicação que estudam certas condutas específicas de comunicação como a educação, jornalismo, literatura, arte e a fala. As disciplinas de conteúdo que aplicam os princípios de comunicação descobertos em outros campos a situações práticas como a agricultura, administração, contabilidade, política, saúde pública, entre outras.

A comunicação representa uma permuta ou troca de notícias entre um emissor, que envia a mensagem, e um receptor, que a acolhe. A ligação entre estes dois elementos se estabelece por um canal de comunicação (meio de comunicação). A comunicação pode ser verbal (em que o meio é a linguagem escrita ou oral) e a comunicação visual (em que o meio é composto de recursos gráficos ou visuais). A teoria da comunicação, em síntese, "[...] tem por objetivo o estudo dos conceitos e enunciados fundamentais da comunicação verbal ou visual." (MASER, 1975, p. 2).

Um dos modelos de comunicação mais conhecido é o de Shannon e Weaver. Este modelo foi apresentado por Littlejohn (1982, p.156), conforme o evidenciado na Figura 2.1.

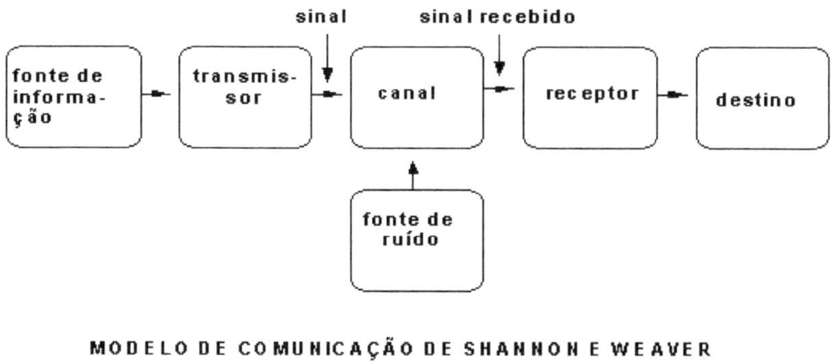

Figura 2.1 Modelo de Comunicação de Shanonon e Weaver

A partir desse modelo básico de comunicação, muitos outros autores desenvolveram seus estudos, entre eles, destacam-se Bierman Jr. e Drebin (1979) que apresentaram uma adaptação do modelo básico de comunicação de Shannon e Weaver para o processo de comunicação na Contabilidade. O modelo de Bierman Jr. e Drebin (1979) pode ser desdobrado nos cinco seguintes elementos básicos:

(1) fonte da informação: responsável pela produção das mensagens a serem comunicadas ao receptor;

(2) transmissor: opera a mensagem de alguma forma para produzir um sinal possível de ser transmitido por meio de um canal;

(3) canal: meio utilizado para a transmissão do sinal;

(4) receptor: efetua a operação inversa do transmissor, reconstruindo a mensagem a partir do sinal;

(5) destino: é a pessoa (ou coisa) para a qual a mensagem é dirigida.

A Contabilidade, segundo Bierman Jr. e Drebin (1979), possui todos os elementos básicos do processo de comunicação. Estes elementos, hoje em dia, são os seguintes:

(1) fonte de informação: os eventos econômicos representam as fontes de informação da Contabilidade;

(2) transmissor: o contador observa os eventos econômicos e transmite esta informação;

(3) canal: a transmissão da informação é feita por meio dos relatórios contábeis que formam o canal básico da comunicação contábil;

(4) receptor: a mensagem transmitida pode ser recebida pelo pessoal de *staff* que decodifica e interpreta a mensagem econômica;

(5) destino: o pessoal de *staff* decodifica e interpreta a mensagem para ser usada pelo administrador ou tomador de decisão, que é o destinatário final da mensagem. O administrador, ou tomador de decisões pode ser ao mesmo tempo receptor e destinatário da mensagem.

Graficamente, o modelo adaptado de Bierman Jr. e Drebin (1979) é o apresentado na Figura 2.2.

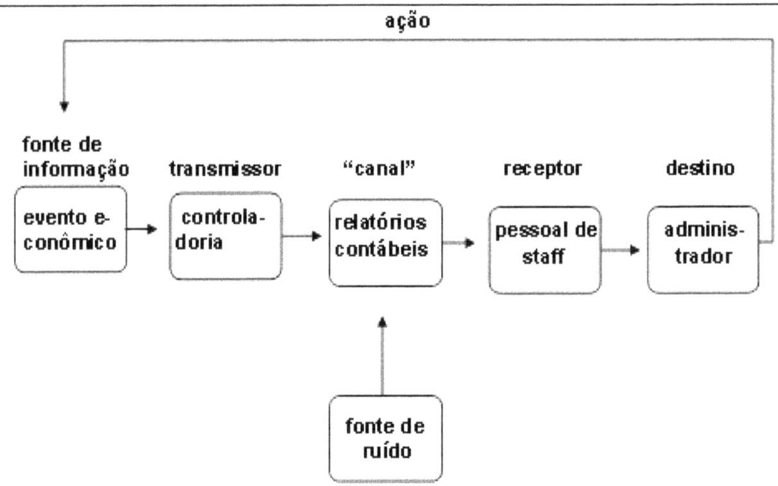

Figura 2.2 Modelo de Bierman Jr. e Drebin

Como um sistema aberto, o sistema de comunicação contábil será afetado pelas ações dos administradores, ou tomadores de decisão, causando um efeito de realimentação no sistema. Dentro do campo mais restrito de análise da teoria da comunicação, destaca-se a teoria da informação.

A teoria da informação ou teoria matemática da comunicação, denominação dada por Shannon (1949), foi formulada como uma teoria visando à solução de problemas de otimização do custo na transmissão de sinais. Esta teoria se concentra na medição da informação, ou seja, trata do estudo quantitativo da informação em mensagens e do fluxo de informação entre emissores e receptores.

A teoria da informação desenvolveu-se, segundo Weaver (*apud* Littlejohn, 1982, p.153) em três áreas distintas de interesse. "A primeira dessas áreas, ou nível técnico, preocupa-se com a exatidão de transmissão da informação. O nível semântico trata dos significados da informação para a fonte e o receptor. Finalmente, o nível de eficiência trata da influência da informação sobre o receptor".

A teoria da informação procurou definir com precisão o que é informação. Para definir informação, é preciso entender primeiramente o que é entropia. Entropia significa a ausência de organização em uma situação, ou seja, quando existe entropia a situação é imprevisível. Informação é "[...] uma medida de incerteza ou entropia numa situação" (LITTLEJOHN, 1982, p.153). Quanto maior for a incerteza na situação, maior será a informação. Em situações completamente previsíveis, não existirá informação. Em termos quantitativos, pode-se definir informação como sendo uma função do número de mensagens necessárias para reduzir completamente a incerteza na situação. Um tomador de decisão necessitará de mais mensagens numa situação complexa do que em uma situação simples, portanto, numa situação complexa existe mais informação que numa situação simples.

Dentro do processo de transmissão de mensagens, ou seja, iniciando na fonte de informação até chegar ao seu destino, podem ocorrer ruídos que perturbem a transmissão do sinal.

Um ruído pode ser definido como "[...] todo fenômeno que é produzido numa comunicação e não pertence à mensagem intencionalmente emitida." (EPSTEIN, 1986, p.21). Um ruído pode estar presente em qualquer tipo de comunicação, tanto na visual, escrita, sonora etc.

A origem do ruído pode ser em função de defeitos no canal ou de fontes externas. O ruído pode ser aleatório, configurando o ruído branco, em que um conjunto de sinais perturbadores possui uma probabilidade de ocorrência sempre igual para cada sinal. No ruído chamado colorido, os sinais não se apresentam com a mesma frequência. O ruído é responsável, portanto, pela alteração da recepção fiel da mensagem.

Uma das formas de proteção contra ruídos é a redundância. A redundância é "[...] um fator capaz de proteger a mensagem contra o ruído, embora onerando a transmissão, uma vez que emprega um número maior de sinais do que o estritamente necessário." (EPSTEIN, 1986, p. 21). A redundância é o preço pago para proteger as mensagens das perturbações causadas pelos ruídos. Uma transmissão acurada deve utilizar um nível de redundância suficiente para compensar o montante de ruído presente na transmissão. Caso exista redundância em excesso, a transmissão será ineficaz, em função do alto custo de transmissão. Se for insuficiente, a transmissão será inexata.

Littlejohn (1982) apresenta quatro generalizações que ajudam a entender o papel da informação na comunicação. A primeira é a de que a informação surge no processo de realização de escolhas, ou seja, a informação é uma medida de liberdade de escolha. Quando aumenta o número de alternativas numa situação, a informação também aumenta. A informação ou liberdade de escolha aumenta igualmente com a falta de previsibilidade dos resultados. A segunda generalização é de que a informação deve ser transmitida. A incerteza de uma mensagem, que consiste em símbolos padronizados, é transmitida por meio de um canal para um receptor. Como qualquer situação, uma mensagem possui um grau de incerteza ou informação.

As mensagens contêm alguma redundância, tanto quanto previsibilidade. Além de sua própria incerteza interna, as mensagens também podem ser analisadas em termos da quantidade de incertezas que elas removem da situação a cujo respeito estão sendo comunicadas. A terceira generalização é de que a informação reduz a incerteza. A última generalização é de que a informação altera o estado do organismo. As mensagens têm impacto sobre o receptor.

Dentro do campo contábil, a informação sempre representou o principal elemento propulsor de seu desenvolvimento. Como aponta Pérez (1994, p. 9): "A informação se transformou em um recurso igual ao trabalho e ao capital."

Em matéria de informação contábil, cabe aos profissionais da área, como defende Lesourd (1990), a busca da qualificação dos canais de comunicação, como forma de melhor atender os usuários dos relatórios contábeis.

A necessidade de informação gerou a Controladoria. Hoje, a informação nutre a Controladoria. Na opinião de Fellner e Mitchel (1995), a informação é um elemento essencial para a Controladoria. Para Humphreys (1994), a informação tem um papel estratégico para o sucesso de qualquer empreendimento. Para Messmer (1991), a informação contábil é o caminho para o sucesso da entidade. Sem informação não existe Controladoria, sem Controladoria não existe informação.

O processo de comunicação contábil deverá gerar informações que sejam úteis para os vários usuários de uma entidade. De acordo com Barsantini (1982), para que a informação contábil seja útil, deve reunir as seguintes características:

1) utilidade: a informação deve satisfazer as necessidades dos usuários sempre que necessário;

2) confiabilidade: a informação deve permitir que os usuários possam utilizá-la em suas decisões. Para o usuário, a informação deve ser representativa e verificável;

3) claridade: a informação deve ser a mais inteligível possível;

4) comparabilidade: a informação deve ser capaz de satisfazer as necessidades dos usuários de fazerem comparações;

5) produtividade: a informação deve levar em consideração a relação custo-benefício;

6) oportunidade: a informação deve ser emitida no momento que tenha a maior capacidade possível de influenciar o usuário na sua tomada de decisão.

De um modo geral, a Controladoria deverá, por meio de seus sistemas de informação, municiar seus usuários com informações capazes de instruí-los, aumentando suas habilidades no processo decisório. O processo de comunicação contábil terá sucesso, de acordo com Madonik (1995), no momento que criar uma linguagem que seja capaz de convencer, influenciar, motivar e controlar pessoas. O sucesso da Controladoria depende do êxito de seu processo de comunicação.

2.2 O início da comunicação contábil

Como forma de consolidar o entendimento do processo de geração informacional será retratada uma análise histórica da comunicação contábil. Portanto, o passo inicial para esta análise será a apresentação dos primeiros sinais que evidenciaram a utilização da informação contábil como ferramenta para o gerenciamento de negócios.

A Contabilidade começou a fornecer informações para seus usuários no período Mesolítico. O período pré-histórico Mesolítico foi compreendido entre 10.000 e 5.000 a.C. e foi marcado pelo aquecimento do clima da Terra pondo fim ao período glacial. Sua caracterização como período pré-histórico deve-se ao fato de situar-se antes do aparecimento da escrita, fato que marcou o fim da pré-história. Mesmo que para esta época não existam explicações conceituais sobre o processo de comunicação, é oportuno que se faça referência ao processo de comunicação desenvolvido pela Contabilidade neste período.

O primeiro processo de comunicação contábil que se têm notícias foi criado entre 8.000 e 3.000 a.C.. Mesmo para esta época distante, os primeiros eventos econômicos já representavam as principais fontes de informação para a Contabilidade. O controle do produto da agricultura e da criação de animais gerou os primeiros "inputs" do processo de comunicação contábil. O primeiro canal de comunicação contábil foram as fichas de barro encontradas em sítios arqueológicos. Estas fichas tinham a capacidade de revelar para o proprietário do rebanho ou da produção agrícola qual a totalidade de seu patrimônio, além de um instrumento capaz de demonstrar o saldo de dívidas entre pessoas. Pouco, ou nenhum ruído perturbava a transmissão de mensagens. O sistema de registro contábil por meio das fichas de barro servia plenamente ao propósito a que se destinava.

A evolução do processo de comunicação contábil, com a passagem das fichas simples para as complexas com seus envelopes e, posteriormente, para as tabelas de pedra ou de barro, apesar do notório progresso como instrumento informacional, provavelmente não criou grandes dificuldades para o transmissor das informações em termos de observação dos eventos econômicos e transmissão de mensagens por meio destes novos canais de comunicação. Da mesma forma, o destinatário da informação não foi afetado, que nesta época, em muitos casos, era o próprio transmissor, ou seja, o proprietário de uma mercadoria poderia observar o evento econômico, registrá-lo em uma ficha ou tabela e tomar decisões em cima destas informações. Algum tipo de perturbação que poderia surgir nestes antigos processos de comunicação tinha como principal fonte erros de registro, especialmente gerados por falha humana.

O caminho percorrido pelo processo de comunicação contábil foi idêntico à própria evolução do homem e do aumento da complexidade de seus negócios. Alguns fatos do período que compreende as primeiras manifestações em termos de comunicação contábil com as fichas de barro e a publicação da obra de Leonardo Fibonacci em 1.202 merecem destaque dentro do processo evolutivo informacional da Contabilidade.

Esse período foi marcado pela revolução em termos de canais de comunicação. A Contabilidade, em sua era antiga, incorporou vários novos veículos de comunicação desenvolvidos pelo homem.

Com a invenção da escrita pictográfica em 3100 a.C. pelos sumérios, a Contabilidade obteve uma nova forma de transmitir suas mensagens com a utilização de um sistema com regras determinadas para ordenar seus elementos. Com a adoção desta escrita, seus usuários tiveram mais facilidade de codificar suas mensagens e transferi-las através dos canais disponíveis para seu destino. Obviamente, para as pessoas que compreendiam este tipo de escrita, o nível de ruído nas transmissões diminuiu sensivelmente, em função da adoção de regras explícitas de codificação dos sinais.

Outros tipos de escritas inventadas pelo homem também facilitaram o processo de comunicação contábil. Entre as mais importantes estão a escrita ideográfica utilizada na China, por volta de 1500 a.C., a escrita linear B em Creta e na Grécia e a escrita cuneiforme hitita na Anatólia, todas da mesma época.

O mundo estava evoluindo em termos de urbanização e desenvolvimento tecnológico, as complexidades das relações sociais exigiam que novos instrumentos de controle fossem criados. A Contabilidade, não se furtando dessa realidade, adotou os novos instrumentos de comunicação criados pelo homem, como uma resposta aos estímulos criados pela própria sociedade.

Em 1100 a.C. ocorreu, provavelmente, uma das maiores revoluções em termos de comunicação com o desenvolvimento da escrita alfabética pelos fenícios. A escrita alfabética foi a base para todas escritas modernas européias. Quase que no mesmo período, surgiram a moeda e as medidas de valor, completando-se, assim, o sistema de contas contábeis. A partir destas invenções foi possível a determinação de novas formas de comunicação. A Contabilidade passou a transmitir estímulos, por meio de suas primárias demonstrações, causando modificações no comportamento do destinatário das informações. As mensagens passaram a ser um elo de ligação entre o emissor e o receptor, com muito maior objetividade. Os novos elementos das mensagens: escrita alfabética, moeda e medidas de valor (e os primeiros ensaios matemáticos por volta de 600 a.C. com Tales de Mileto) sublevaram os signos utilizados no processo de comunicação contábil. A quantidade de mensagens com informações inseridas no processo de comunicação, com estes novos elementos, certamente teve um reflexo positivo na redução de incertezas no gerenciamento dos negócios da época. Como afirma Chambers (1966, p.169), "os sinais normalmente usados na comunicação de pessoa para pessoa são palavras e números. Em Contabilidade, são usados ambos - para determinar a data de ocorrência do evento, para determinar suas características e para determinar a magnitude de suas propriedades monetárias".

Vários canais de comunicação foram surgindo com intuito de melhor transportar as mensagens, ou seja, melhor reportar os eventos econômicos entre o transmissor e o usuário das informações contábeis. Entre os canais de comunicação mais destacados desta época estão:

- tábuas de Uruk: utilizadas para controle físico de bens, como pão e cerveja;
- tábuas de Ur: empregadas para registro de inventários de materiais e de trabalho escravo;
- livros fiscais do Egito: contabilização de contas com a utilização da moeda "shat" de ouro e prata, para cobrança de impostos e taxas por parte do governo;
- código de Hammurabi da Babilônia: o rei Hammurabi, em 2250 a.C., criou um código com 282 leis, sendo que a lei 104 estabeleceu as primeiras menções históricas sobre Contabilidade, criando uma forma de administrar os recebimentos do governo;
- tábuas enceradas dos romanos: pequenas tábuas em que eram registrados os eventos econômicos da sociedade romana;
- rolos de pele de animais: utilizada pelos faraós para registro de eventos econômicos familiares e de receitas e despesas do monarca;
- papiros e pergaminhos: com o progresso dos meios gráficos de expressão, os transmissores de informações contábeis abandonaram as formas mais rudimentares de registro, como a utilização de troncos de árvores, pedras, barro, osso, para adotarem os pergaminhos, os papiros e as tábuas enceradas como canal de comunicação dos eventos econômicos;
- talhas de madeira: consistiam de duas peças de madeira representando uma o débito e a outra o crédito;
- quippus: foi um dos canais primitivos de comunicação, desenvolvido pelos antigos peruanos. Formadas por cordas de diversas cores, de comprimento variável, confeccionadas de cordas finas fortemente retorcidas e terminadas em franjas, marcadas com nós, com o objetivo de sinalizarem quantias que lhes eram devidas. As cifras eram expressas pela cor e posição dos nós;
- ábaco: os gregos e romanos utilizavam uma espécie de ábaco que além do significado de pedras ou bolinhas, se distinguiam pela cor, representando as brancas o ativo e as pretas o passivo. O registro era feito por meio da indicação do nome da pessoa e de uma quantidade de bolinhas brancas ou pretas. A verificação do saldo era feita no ábaco.

- primeiros livros romanos: *adversaria ephemeris* (semelhante ao diário): em que os banqueiros anotavam cronologicamente os recebimentos e pagamentos; *codices ratiorum* ou *tabulae*: em que eram transcritas as anotações do livro anterior, sendo que estes livros possuíam fé em juízo; *codex accepti et expensi*: uma espécie de livro de receita e despesa; *arcaria nomina* ou livro caixa; livro de conta corrente com pessoas que mantinham relação, sendo o ativo denominado de *expensum* e o passivo de *acceptum*.

A obra Liber Abaci de Leonardo Fibonacci, do ano de 1202, marca uma nova fase para a Contabilidade e para seu processo de comunicação. Esta obra é a mais antiga que trata das primeiras técnicas contábeis. Este período foi marcante, porque é a partir do século XIII que o sistema de partidas simples começa a cair em desuso e "[...] começam a aparecer exemplos (embora incompletos) de partidas dobradas apenas nos grandes empreendimentos, continuando os menores a adotar a partida simples, mesmo bastante tempo após o trabalho de Pacioli." (IUDÍCIBUS, 1980, p. 41).

A partir da metade do século XIII, a os práticos contábeis começaram a adotar livros para registro dos principais eventos econômicos das empresas. Estes livros eram necessários em função do surgimento do comércio em larga escala. A Contabilidade, como era a única fonte capaz de informar sobre o andamento dos negócios, teve que adequar-se a esta nova necessidade de seus usuários. Os principais livros, deste período, que serviam para registro dos eventos e como canal de informação aos destinatários, segundo Melis (1991) eram os seguintes:

- livro secreto ou livro da razão: era um livro exclusivo da empresa, em que eram escritos seus atos constitutivos e as contas de capital e todas transações que envolviam os sócios;

- livro grande: também conhecido como livro razão em Veneza, ou livro principal, livro mestre, livro real, livro de débito e crédito, etc. Ele era utilizado para registro de várias contas, principalmente de mercadorias e matéria-prima;

- livro de entrada e saída: livro utilizado para registro da movimentação da conta caixa;

- livro de posição: livro utilizado para registro de bens imóveis;

- livro para registro de tecidos: utilizado para registrar a movimentação do estoque de tecidos das empresas;

- livro de pequenas despesas: era utilizado para o registro analítico de pequenas despesas e periodicamente seu saldo era transferido para o livro grande;

- livro de vendas: eram anotadas todas as vendas diárias da companhia e periodicamente transferidas para outro livro denominado de livro de compra e venda, em que eram registrados os saldos das compras e das vendas de um determinado período;

- livro do trabalho, livro do tintureiro, livro da arte da lã, etc.: estes livros eram utilizados para registro de todo custo industrial.

Todos esses livros possuíam o propósito de facilitarem o entendimento das transações realizadas pelas empresas da época. Os administradores tinham nestes livros uma apreciável fonte de informações para controle de seus negócios. Era o início da era do capitalismo e a Contabilidade contribuiu para o seu desenvolvimento como única fonte de informação capaz de prover os usuários com um fluxo de informações necessárias para fundamentar suas tomadas de decisões. O que convém salientar é que nesta época, embora os chineses já dominassem a arte da impressão deste o ano de 853, a Europa imprimiu seu primeiro livro somente em 1445, portanto, esses canais de comunicação contábil eram todos manuscritos e não impressos.

O passo seguinte em termos de canais de comunicação contábil foi o desenvolvimento de livros específicos para registro de lançamentos contábeis, como o *memoriale*, em que eram registradas as transações da empresa em ordem cronológica sem muita elaboração; o *giornale*, que servia para registro diário das transações; e o *quaderno*, utilizado como um livro razão. Este período estava especialmente voltado para a arte de arrumar os livros contábeis. Estava latente a preocupação dos práticos da Contabilidade de que estes livros eram uma rica fonte de informações e que mereciam um melhor tratamento em termos organizacionais.

O canal supremo de comunicação contábil, o balanço patrimonial, foi desenvolvido em um período que Melis (1991) classifica como a idade da sistematização contábil. Uma das primeiras observações de construção de um balanço foi no ano de 1300, na Compagnia de Giovanni Farolfi de Florença. A Contabilidade estava buscando um estreitamento nas relações com seus usuários. O balanço foi uma forma encontrada para demonstrar a situação patrimonial da empresa em um dado momento. Os transmissores das informações (os praticantes da contabilidade na época) desenvolveram um canal de transmissão (o balanço patrimonial) capaz de fornecer um nível de informação para o destinatário (usuário das informações contábeis) de muito maior qualidade, portanto, com muito menos perturbações na transmissão dos sinais.

O mais famoso dos escritores contábeis, Luca Pacioli, tratou em sua obra de uma espécie de balanço de encerramento do livro razão, o que hoje se denomina, balancete de verificação. Este instrumento era destinado a verificar a igualdade do dever e do haver. A partir de Pacioli a Contabilidade toma um rumo mais acelerado de desenvolvimento e de adaptação às necessidades de seus usuários.

Embora Pacioli não tenha sido o criador das partidas dobradas, como já foi destacado anteriormente, foi graças a sua obra que este método de registro contábil tomou corpo e disseminou-se pelo mundo. Este método, que possui um sistema de regras destinado a ordenar os elementos passíveis de registro e posterior transformação em mensagem contábil, foi, para muitos estudiosos, responsável pela abolição da "[...] confusão nas contas por meio da criação da ordem sobre o caos." (WINJUM, 1970, p. 745). Este sistema foi considerado revolucionário em termos de produção de sumários da vida econômica das empresas da época.

Como afirma Winjum (1970, p. 746): "Mesmo que os negócios eram poucos, os comerciantes literalmente não conheciam o estado ou condições de suas finanças". Graças à habilidade do sistema de partidas dobradas os comerciantes obtiveram informações indispensáveis sobre suas atividades econômicas de forma mais ordenada e confiável, reduzindo suas incertezas, o que contribuiu de forma significativa para o progresso de seus negócios.

O sistema de partidas dobradas foi responsável por uma integração sistemática das contas contábeis com o sistema de registro. Esta integração gerou um processo de ordenamento no registro dos eventos econômicos, facilitando o entendimento dos sinais emitidos nos relatórios contábeis. A Contabilidade deve, conforme Board, Rees e Sutcliffe (1992), emitir sinais que facilitem a interpretação da realidade contábil por parte do usuário.

2.3 A atual gestão da informação pela controladoria

No atual cenário organizacional, a controladoria passa a ter um papel fundamental nas organizações, que é o de gerenciar todo processo de reporte para os vários usuários das informações de uma entidade. Pode-se dividir essa tarefa em dois grandes grupos: usuários internos e usuários externos.

Pelo foco da gestão da informação, os usuários internos são tão ou mais importantes que os usuários externos. Por isso, a controladoria deverá preocupar-se em municiar a administração com todas as informações necessárias para decisões de negócios, planejamento e controle.

Zaffani (2005) aponta algumas premissas como sendo fundamentais para que uma entidade possa gerar informações gerenciais eficazes. Para ele, fundamentalmente, a mais importante premissa para a construção de um eficaz sistema de informações gerenciais está na existência de um bom sistema e processamento contábil, compreendendo, pelo menos:

- plano de contas bem estruturado e adequado ao porte da empresa;
- registro dos fatos contábeis com assertividade, melhor previsibilidade possível (quando necessário) e nas datas (ou mais próximas) de suas ocorrências;
- fechamento contábil mensal na data mais próxima possível do encerramento do mês;
- contas patrimoniais, de custos e despesas devidamente reconciliadas.

Uma segunda premissa apontada por Zaffani (2005) é a existência de controles internos eficientes e de um bom sistema de controle de estoques, pois é daí que se extrai a principal parcela dos custos na indústria e no comércio. Quanto melhores forem os controles internos e o sistema de apontamento e controle dos inventários, menores são as chances de desvios e perdas para a empresa.

Uma terceira premissa destacada pelo autor caracteriza-se na predisposição em estabelecer metas / objetivos em todas as áreas, monitorá-los e revisá-los periodicamente.

Uma característica importante que a controladoria deverá considerar no desenvolvimento dos relatórios para os usuários internos é a necessidade de que as informações contidas nesses documentos devem ser oportunas e pertinentes e devem resolver de imediato a maioria das necessidades prementes dos gestores.

Segundo Roehl, Anderson e Bragg (2004), alguns preceitos devem ser considerados pela controladoria para a geração das informações para os tomadores de decisão:

- as informações devem ser apropriadas: a controladoria deve somente gerar informações apropriadas, isto é, informações que sejam úteis no momento da sua emissão, pois um relatório com uma quantidade excessiva de informações não pertinentes pode descaracterizar a importância dos relatórios;
- informar por meio de exceção: considerando que normalmente uma entidade tem uma grande quantidade de atividades no seu dia a dia, a controladoria deverá considerar que os gestores devem focar sua atenção no que efetivamente é importante para o processo decisório. Portanto, a gestão por exceção está focada na geração de informações que caracterizem condições diferenciadas em relação aos padrões. O gestor não deveria ter a mesma preocupação com as atividades que estão dentro de uma normalidade, se comparado com informações de atividades com desempenho anormal. O sucesso da implementação da gestão por exceção em uma entidade depende, principalmente, da coleta de informações sobre todas as atividades, uma vez que as exceções serão facilmente identificadas somente se todas as atividades forem efetivamente controladas. Da mesma forma, as medidas corretivas poderão ser mais bem direcionadas para os reais problemas de gestão. O gerenciamento por exceção não deverá se preocupar somente com problemas, mas também com outras situações críticas que interferem diretamente no desempenho operacional de uma entidade;
- informar por área de responsabilidade: um gestor somente deverá receber informações sobre as áreas que estão sobre sua responsabilidade. Assim a controladoria deverá customizar os sistemas de informação que sejam capazes de gerar informações que traduzam os resultados alcançados pelas áreas em termos de desempenho, receitas, margens, custos etc. Portanto, toda

informação deverá ser personalizada de acordo com a área de responsabilidade de cada gestor. Esse direcionamento poderá evitar a geração de informações não pertinentes. Uma área de responsabilidade, segundo Anthony e Govindarajan (2002), possui as seguintes características:

- o um centro de responsabilidade é uma unidade da organização representada no organograma;
- o o objetivo dos Centros de Responsabilidade é ajudar a implementar as estratégias, por meio da realização das metas definidas para estes;
- o possuem entradas, que são os recursos utilizados, avaliados a seu custo, e saídas, suas receitas, que são os produtos e serviços gerados;
- o as entradas podem ou não constar no produto, como por exemplo, um centro de produção ou um centro de publicidade. No segundo caso, a medição da saída se torna mais difícil;
- o exemplos de entradas: materiais, horas de trabalho, serviços;
- o saídas: produtos tangíveis e serviços intangíveis que saem tanto para o mercado como para os clientes internos;
- o internamente, as receitas não medem as saídas dos centros administrativos, de pesquisa, pois podem, por exemplo, apresentar resultados que ultrapassam um exercício social;
- o devem ser eficientes e eficazes: a eficiência é a relação entre as saídas e as entradas, ou a quantidade saída por unidade de entrada. Pode ser medida pela comparação com outros centros ou por comparação com padrões; já a eficácia é a relação entre as saídas de um centro de responsabilidade e seus objetivos;
- o é eficiente o centro de responsabilidade que cumpre seus objetivos com menos custo e eficaz o que os cumpre com qualidade;
- o o lucro é um importante parâmetro de avaliação da eficácia, pois a meta de uma empresa é obter lucro, e também mede a eficiência, pois é a diferença entre as entradas (custos) e saídas (receitas).
- o podem ser de 4 tipos, segundo a natureza das entradas e saídas com valor monetário:
  - ▪ centros de lucros: segmento de uma empresa responsável tanto por receitas quanto por despesas, prestam informações formais de suas operações;

- centros de Investimentos: os centros de investimentos representam um segmento de responsabilidade pelos custos, receitas e investimentos;
- centros de receitas: As saídas são avaliadas em termos monetários; nestes centros de responsabilidade não são feitos relacionamentos entre as entradas e as saídas, senão seriam centros de lucros; são voltados para atividades como marketing, seu foco principal é receita e não lucro; os resultados são comparados com orçamentos e cotas e não com os custos de produtos;
- centros de custos: São centros de responsabilidade nos quais as entradas, ou os custos são medidos em termos monetários, mas cujas saídas não o são; menor segmento de atividade ou centro de responsabilidade.

- informar somente quando for extremamente necessário: a controladoria deverá estar constantemente monitorando a necessidade dos usuários para a geração de informações. Mesmo que as informações sejam corretas, elas serão desnecessárias se os gestores não estiverem necessitando. Por isso, a controladoria deverá conhecer profundamente o processo de decisão dos principais executivos de uma entidade, para, a partir desse conhecimento, gerar as informações necessárias. A frequência do relatório é importante como o conteúdo do relatório. A controladoria deverá reduzir o nível de detalhamento para os escalões superiores da administração, considerando que esses executivos deverão ter uma visão mais holística da entidade. Por outro lado, os gestores mais operacionais necessitarão de informações mais detalhadas, considerando sua condição de gestores mais operacionais. É, portanto, natural que o tipo de informação que um vendedor receba da controladoria seja diferente da fornecida ao gerente de vendas. Com uma grande responsabilidade, o gerente de vendas não poderá concentrar sua atenção em detalhes do setor que gerencia. Essa caracterização é mais crítica para os níveis mais altos da administração, em que o acúmulo de informações detalhadas de várias áreas funcionais de uma entidade poderá trazer dificuldade para o gerenciamento do todo organizacional, uma vez que os gestores poderão perder-se nos detalhes. Se um executivo detectar problemas operacionais a partir de informações sumariadas, bastará pedir mais informações para identificar a causa do problema. Assim, a controladoria deverá sempre considerar o nível hierárquico em que se encontra o gestor para a apresentação da informação;

- manter relatórios simples e claros: a controladoria deverá sempre gerar relatórios simples de serem assimilados pelos executivos, buscando uma forma de apresentação que o leitor não tenha dificuldade de interpretação por causa do formato do relatório. Um relatório para fundamentar a decisão dos executivos não deveria conter linguagem técnica que dificulte a real assimilação do resultado da gestão organizacional. Se a linguagem utilizada for demasiadamente técnica, retrógrada e obscura, serão inevitáveis explicações complementares ao relatório;
- prover informações comparadas: a controladoria deverá, sempre que possível, gerar informações comparadas, pois, para que se consiga avaliar o desempenho de uma entidade será preciso definir quais os atributos importantes da medição do desempenho e compará-los com características que são julgadas importantes em relação a um objetivo previamente definido. A controladoria deverá definir os padrões e metas, ou seja, os valores estabelecidos como referência para análise das medidas. Independentemente de serem assumidos padrões internos (como ocorre num sistema de custo-padrão) ou de serem trazidos valores de seu ecossistema (por meio de *benchmarkings* ou de índices macroeconômicos), deverá ficar claro como tais informações serão obtidas;
- mostrar tendências: a controladoria deverá a partir de um banco de dados histórico e das propensões setoriais, gerar informações que mostrem as principais tendências, riscos e oportunidades empresariais, para que os gestores definam o melhor caminho para a entidade. Essas informações poderão ser traduzidas em gráficos e tabelas para melhor absorção por parte dos gestores, uma vez que relatórios numéricos tendem a criar mais dificuldade de assimilação. Estudos sobre semiótica contábil tentar criar alternativas para que as informações contábeis assumam uma linguagem de negócios mais acessível aos usuários. Para Etheridge (1992), a semiótica deverá ser utilizada como instrumento de apoio à avaliação dos aspectos semântico, sintático e pragmático da informação contábil. Em se tratando de avaliar a eficiência da comunicação, Panhoca (2003) destaca que será necessário considerar múltiplos aspectos: habilidades comunicadoras da fonte e do receptor, seus

níveis de conhecimento sobre o assunto veiculado, papéis no sistema social, o contexto cultural em que se encontram inseridas, adequações do código, conteúdo da mensagem, compatibilidade do canal e outros mais. Considerando esses aspectos, fica latente a necessidade de adaptar o formato da informação a capacidade de percepção do usuário. Por exemplo, um gráfico que mostra uma tendência crescente de custos em uma unidade pode tornar-se mais informativo quando for apresentado complementarmente por meio de uma linha de tendência que mostra uma diminuição no número de transações na unidade, indicando, assim, a causa do crescimento dos custos fixos;

• incluir comentários: a controladoria deverá monitorar o uso das informações, pois, em muitos casos, mesmo que as informações geradas sejam comparadas e as linhas de tendências demonstradas, o usuário pode continuar tendo dificuldades de entendê-las. Assim, a controladoria deverá incluir todos os comentários possíveis e pertinentes para que o usuário possa interpretar corretamente as informações, evitando qualquer tipo de ambiguidade;

• alterar a forma de apresentação das informações para se adaptarem às necessidades do leitor: a controladoria deverá identificar a melhor forma de reportar as informações para adaptar-se às necessidades dos vários tomadores de decisão em uma entidade. Caso os relatórios não sejam formatados para cada tipo de usuário, poderão não surtir o efeito desejado pela controladoria, pois a assimilação das informações poderá ser prejudicada, não porque eles não precisem da informação, mas porque eles tiveram dificuldade de absorção devido à forma que os relatórios foram emitidos. Essa adaptação depende de cada usuário, pois alguns executivos preferem receber informações de forma impressa e concisa, outros por meio eletrônico e mais detalhada. A controladoria, portanto, deverá conhecer a vontade de cada usuário, para, a partir dessa identificação, customizar os relatórios;

• unificar relatórios: apesar de ser discutível considerar uma alteração nos relatórios para abranger o maior número possível de usuários, a controladoria deverá analisar a possibilidade de unificar relatórios para diminuir o número de informações que transitam em uma entidade. Essa característica não conflita com a anterior, pois a ênfase aqui está em entregar o mesmo produto, porém, podendo ser formatado de forma diferente;

• manutenção dos relatórios: a controladoria deverá evitar que os relatórios sejam constantemente alterados, pois a constância das informações ao longo de um período facilitará o entendimento dos usuários. Essa manutenção não deverá impedir que as alterações necessárias, em função de mudanças no ambiente da entidade, sejam realizadas. Porém, constantes modificações no formato e interrupções no fluxo dos relatórios poderão prejudicar os usuários. A controladoria deverá considerar a hipótese de manter um relatório por um período de tempo razoável, ou seja, até o momento em que as alterações sejam realmente necessárias;

• emitir relatórios oportunos: a controladoria deverá considerar que a validade das informações depende da oportunidade de sua emissão, pois, relatórios com informações muito importantes perdem a validade se emitidos no momento inoportuno, ou seja, antes ou depois que o usuário necessitar;

• relatórios devem conter informações confiáveis: a controladoria deverá ter certeza absoluta de que a informação que está sendo gerada é suficientemente confiável para satisfazer o propósito de cada relatório. Inconsistências em relatórios podem gerar decisões erradas e impactar negativamente a gestão de uma entidade. Por isso, o controller deverá responsabilizar-se pessoalmente por uma revisão dos principais relatórios antes que sejam distribuídos para a entidade. Relatórios direcionados para executivos deverão ser certificados pela controladoria, considerando o impacto negativo que poderão causar caso sejam inconsistentes;

• assegurar a utilidade dos relatórios: um relatório pode ter sido útil quando criado, porém, com mudanças no ambiente organizacional, pode deixar de ser útil, gerando apenas desperdícios para sua emissão. Para evitar esse tipo de problema, a controladoria deverá estar constantemente monitorando a utilidade dos relatórios, tanto em termos de conteúdo, como de formatação, assegurando a utilidade constante das informações;

• controlar o investimento para emissão de relatórios: alguns relatórios são facilmente gerados pela contabilidade e exigem pouco ou quase nenhum esforço para prepará-los. Outros, porém, requerem complexas customizações gerando significativos esforços para sua criação. A controladoria deverá ponderar a real necessidade de relatórios demandados pela entidade e o investimento para sua geração. Em situações em que o valor para gerar um relatório for excessivamente alto, a controladoria deverá analisar os benefícios advindos das novas informações. Muitos usuários demandam novos relatórios sem terem ideia do esforço despendido para sua criação. Cabe à controladoria definir as prioridades informacionais para a entidade. Uma vez aprovada a criação de novos relatórios, especialmente os que demandam maiores investimentos, a controladoria deverá estar constantemente acompanhando a sua utilidade para eliminar os que não estejam mais proporcionando informações úteis aos usuários;

- criação de datas para revisão dos relatórios: a controladoria deverá criar um calendário de acompanhamento da validade dos relatórios. Relatórios que geram informações críticas para o atingimento da missão da entidade, deverão ser analisados com maior frequência, pois, normalmente são mais caros para serem emitidos e mais importantes. Relatórios mais operacionais também devem ser monitorados, embora não com a mesma periodicidade e profundidade, o que não significa que não seja acompanhada a sua utilidade. A controladoria deverá discutir com os usuários as necessidades de mudanças ou a eliminação de relatórios que não estejam mais contribuindo para a decisão dos gestores.

A controladoria, considerando essas premissas para geração de informações, poderá emitir relatórios para os vários níveis de usuários, pois, não somente executivos necessitam de informações, mas supervisores igualmente precisam tomar decisões, embora operacionais, porém, também importantes para o sucesso da entidade.

Um dos primeiros passos para essa emissão, como destacado anteriormente, é conhecer a necessidade de todos os usuários, para adaptar a informação a essa necessidade. Assim, a controladoria poderá gerenciar a emissão de relatórios de forma mais eficaz. Os principais tipos de relatórios, destacados por Roehl, Anderson e Bragg (2004) foram de planejamento, de controle e de informações gerais.

Os relatórios de planejamento apresentam informações sobre as previsões de cenários futuros realizadas pelos executivos na fase de planejamento, que deverão fundamentar as decisões dos gestores.

Esses relatórios podem gerar informações de curto prazo (um ano, um semestre, ou menos), e normalmente são operacionalizados em planos orçamentários, fluxos de caixa projetados, demonstrações contábeis projetadas, etc, ou podem ser relatórios que abranjam períodos mais longos, com cinco ou dez anos. Os relatórios mais longos podem estar direcionados para estudos especiais, que necessitam de um planejamento mais apurado em função dos investimentos e dos riscos que podem trazer para a entidade, como por exemplo, a ampliação de fábricas, a busca de novos mercados internacionais etc.

O segundo tipo de relatório destacado é o de controle. Esses auxiliam os gestores no controle das operações e dos negócios, indicando os resultados alcançados e as áreas que precisam de ações corretivas.

Os relatórios de controle podem ser apresentados de forma resumida, em que o desempenho da gestão por um determinado período de tempo, normalmente um mês, é reportado para análise dos executivos. Com essas informações, os executivos terão oportunidades de analisarem o desempenho realizado em confronto com o planejamento de médio e longo prazos. Esses relatórios podem estar integrados com o acompanhamento do *Balanced Scorecard* da entidade.

Além desses relatórios de controle periódico da gestão, a controladoria poderá gerar relatórios para acompanhamento em períodos mais curtos, como um dia ou uma semana. Esses relatórios deverão estar mais focados em atividades operacionais, como o confronto entre o realizado e padrões previamente definidos, relatório de vendas por produtos, de consumo de matéria-prima etc.

O terceiro tipo de relatório é o de informações gerais. Esses relatórios possuem características mais abrangentes e usualmente apresentam interpretações das atividades realizadas por uma entidade para que a administração possa usar no planejamento e na determinação de suas políticas. Há duas versões para esse tipo de relatório: os de tendência, que buscam demonstrar as tendências setoriais que deverão ser consideradas na preparação dos planos para períodos futuros, bem como fazem uma análise de desempenhos passados por meio da comparação de resultados alcançados com planejados em períodos mensais ou anuais, determinando o que poderá ocorrer no cenário futuro em que a entidade atua.

Outro tipo são os relatórios analíticos, em que são detalhados aspectos importantes que servirão de base para os executivos pensarem no futuro da entidade. Esses relatórios analíticos podem incluir informações sobre análises de mudanças nas condições financeiras da entidade que ocorreram ao longo de um período, análises de mudanças em lucro bruto ou margem de contribuição, análises de excesso nos custos industriais, análises de vendas por cliente ou produto, determinação de pontos de equilíbrio etc.

Além do tipo de relatório que a controladoria deverá gerar, é fundamental que a formatação seja customizada de acordo com o nível hierárquico a que se destina, pois, pode variar sobremaneira o tipo de informação, o formato, a periodicidade etc., de um relatório dependendo para quem está sendo direcionado.

O principal grupo de usuários das informações é composto pelo Presidente de uma entidade e seus principais diretores. Relatórios para esse *board* de executivos podem variar muito de entidade para entidade, pois as próprias crenças e valores do grupo vão impactar no tipo de acompanhamento da gestão e, consequentemente, no tipo de relatório.

No caso brasileiro, por exemplo, é comum que os principais sócios controladores de uma entidade sejam ao mesmo tempo os principais gestores, caracterizando uma concentração de poder nas mãos desse grupo. Nesses casos, os relatórios poderão ser mais detalhados, pois as decisões estarão mais concentradas. No caso de entidades mais descentralizadas, os relatórios para os principais gestores poderão ser menos detalhados, porém, mais abrangentes, já que existe a necessidade de os gestores terem a ideia do todo, com menos detalhes, considerando que as decisões não são tão concentradas.

Esses relatórios gerados para os principais executivos deverão permitir o acesso a todas as informações operacionais necessárias para o entendimento do desempenho organizacional. A busca pelo complemento detalhado de informações operacionais deverá ser uma opção do executivo. A controladoria deverá criar caminhos fáceis de serem trilhados para que o executivo, caso desejar, possa ter acesso a qualquer informação da entidade. Essa opção deverá ser do próprio executivo, não da controladoria, ou seja, se ele desejar a informação terá disponível, e não a controladoria gerará essa informação sem que ele demande. Isso se deve ao fato de que um volume muito grande de informações poderá causar uma dificuldade para analisar o desempenho da entidade.

Esses relatórios dirigidos para os executivos poderão conter informações sobre resultados operacionais por divisão, unidade etc., principais impostos incidentes nas atividades da entidade, comparação de resultados realizados com orçados, volume de dívidas, de geração de caixa, comportamento das principais despesas etc.

Um segundo grupo de usuário das informações é composto dos demais gestores responsáveis pelas principais decisões em uma entidade. Os relatórios para esse grupo de usuários, normalmente, são mais detalhados que os relatórios emitidos para o primeiro grupo.

Roehl, Anderson e Bragg (2004) destacam, por exemplo, que o executivo de vendas deverá estar interessado em receber relatórios sobre a eficiência da produção e volume de vendas, como também sobre pesquisas de novos produtos, condições de negócios gerais, desempenho de produtos atuais, estimativas de descontos na rede de vendas etc.

A preocupação principal desse executivo estará direcionada para a área de sua especialização, embora ele também esteja preocupado com as operações globais da entidade. Os relatórios regulares para esses executivos podem incluir informações gerais sobre aspectos financeiros e operacionais, tendências de mercado, análises de condições especiais ou explicações de inconsistências, comparação de resultados realizados com orçados etc.

Dependendo do nível do executivo a ênfase estará nos aspectos globais e não no desempenho departamental ou outros detalhes. Os relatórios poderão combinar informações diárias com informações semanais ou mensais, reduzindo o *gap* entre o resultado real da gestão e o que está sendo reportado nos relatórios. A controladoria sempre deverá buscar as melhores alternativas para reportar o mais fielmente possível o resultado da gestão. Esses relatórios devem ser cuidadosamente preparados para que se tornem de fácil interpretação e assimilação.

Um terceiro grupo de usuários são os gerentes departamentais. Esses usuários, por terem menos responsabilidades que os usuários anteriores, por gerenciarem apenas unidades departamentais, deverão receber relatórios direcionados para as suas atividades, embora seja importante que eles também tenham uma visão clara do desempenho de toda entidade. Em muitos casos, os relatórios para esses usuários estão focados na *performance* de seus departamentos e no controle de seus gastos. Os relatórios para esses gerentes de departamentos podem conter informações sobre desempenho dos centros de acumulação de resultados (centros de custos, centros de lucros, centros de investimentos etc.), tanto em termos de receitas como de custos e despesas, níveis de utilização dos ativos disponíveis por departamento, volumes de utilização da mão-de-obra por departamento, de controle de desperdícios etc.

Um quarto grupo de usuários dos relatórios são os supervisores das atividades operacionais de uma entidade. Esses gestores tratam diretamente com os colaboradores e necessitam de relatórios focados, especialmente nos controles das atividades operacionais do cotidiano de um negócio, pois, embora as atividades sejam planejadas nos primeiros escalões da administração, é no dia a dia que o resultado é alcançado. Por isso, é fundamental que os supervisores tenham informações de como as atividades estão sendo realizadas e qual o desempenho de seus subordinados diretos.

É em nível operacional que os recursos estão sendo consumidos e gerados, por isso é essencial que se tenham informações de como as atividades estão sendo executadas. Em muitos casos, os relatórios operacionais também servirão de base para os programas de participação nos resultados, aumentando o interesse dos colaboradores no atingimento das metas estabelecidas.

A controladoria, uma vez customizados os relatórios de acordo com as necessidades dos vários usuários, deverá ter outra preocupação que é a forma que essas informações serão repassadas para os gestores.

Percebe-se que a rápida evolução da tecnologia da informação tem causado grande impacto na forma com que as informações estão circulando nas entidades. Porém, antes que a controladoria escolha a melhor alternativa para gerar a informação de acordo com cada usuário, será necessário considerar alguns aspectos importantes como a confidencialidade das informações (informações direcionadas apenas para usuários com autorização), a quantidade de informações do relatório (relatórios muito grandes podem ter dificuldades de ser distribuídos por correio de voz, por exemplo), o custo para sua distribuição (relatórios que necessitem de muitas cópias poderão ser enviados por *e-mail*, considerando o baixo custo de distribuição), além do momento dessa distribuição (relatórios que contenham informações que necessitem de rápida distribuição deverão ser disponibilizados através de meios rápidos de comunicação).

A partir dessa análise inicial, a controladoria poderá optar pelo melhor canal de comunicação para que as informações cheguem ao destino no momento oportuno.

Uma das principais formas de distribuição disponível são os relatórios eletrônicos. Esses relatórios podem ser facilmente utilizados pela controladoria para enviar relatórios que necessitem de rápida distribuição, além da não necessidade da presença física do usuário no local da geração das informações, pois, esses relatórios podem ser acessados em quase todas as partes do mundo, necessitando apenas de alguns equipamentos de fácil acesso. Relatórios confidenciais deverão ser cercados de alguns aspectos de segurança para que não vazem informações para pessoas não autorizadas.

Outra forma de distribuir informações é por meio dos chamados relatórios prioritários. Esses relatórios deverão conter características que externalizem a peculiaridade prioritária do relatório. Esses relatórios deverão ser utilizados pela controladoria como forma de criar uma primazia informacional, ou seja, quem receber esse tipo de relatório deverá dar prioridade na sua leitura. Pela peculiaridade da necessidade de rapidez na geração de informações, esses relatórios poderão não ser muito detalhados, nem precisos, pois o objetivo é destacar a informação que deverá ser posteriormente detalhada em outros relatórios. Os meios para sua distribuição podem ser os mais variados, desde que sejam rapidamente distribuídos. Poderão conter informações, por exemplo, sobre problemas de controle, de despesas, de oportunidades de negócios etc.

Outra possibilidade para composição de relatório é o uso de figuras, gráficos, tabelas que facilitem o entendimento dos usuários. As figuras tendem a facilitar o entendimento do desempenho da gestão, por poderem representar situações comparadas com vários parâmetros internos e externos à entidade. Essas figuras podem ser compostas de gráficos de barras, de linhas, de "pizza" etc.

Além dos relatórios tradicionais, impressos ou eletrônicos, algumas entidades passaram a utilizar relatórios por vídeo-conferência, especialmente pela facilidade de reunir executivos de várias localidades em um único espaço virtual. Para essas reuniões virtuais, é muito importante que a controladoria possua profissionais capacitados para gerenciarem as reuniões e que tenham domínio da tecnologia, para que consigam transmitir com qualidade todas as informações necessárias e demandadas pelos executivos.

Algumas empresas têm utilizado relatórios de correio de voz, embora essa modalidade de distribuição sirva apenas para distribuir pequenas informações. Esse instrumento deverá ser utilizado apenas nos casos em que a controladoria tem uma necessidade premente de gerar algum tipo de informação e um relatório prioritário não atenderia a necessidade da rapidez na geração da informação. Esses relatórios servem para distribuir informações resumidas sobre volume de vendas diárias, volumes de produção, taxas de juros, cotação de moedas estrangeiras etc.

2.4 Usuários externos das informações

Embora o foco da controladoria seja o gerenciamento de informações para usuários internos, é importante que as informações geradas para os vários *stakeholders* também sejam controladas pelo *controller.*

O grupo de usuários externos de informações de uma entidade é composto por investidores, potenciais investidores, bolsa de valores, comissão de valores mobiliários, fornecedores, instituições financeiras, sindicatos, agências de fomento, órgãos de arrecadação públicos, seguradoras, organizações não governamentais, etc. A entidade poderá ter uma preocupação particular para cada usuário, considerando seus próprios interesses.

Os principais relatórios gerados para esses usuários são: relatório anual, informações trimestrais, balanço social, formulário 20-F, outros materiais inscritos emitidos pela entidade, relatórios para reuniões periódicas com investidores e analistas de mercado, informes especiais etc.

O conteúdo e o detalhamento desses relatórios devem ser aprovados pela controladoria, considerando que representam o vínculo da entidade com o mercado. Por isso, devem ser muito bem confeccionados para que tenham o impacto pretendido pelo grupo controlador da entidade.

Na preparação do relatório anual, a controladoria deverá coordenar o grupo para elaboração e contar com a participação dos principais executivos e unidades da entidade. A participação direta da área de contabilidade e da área financeira é fundamental para a qualidade do relatório. Além desses departamentos, é vital que o departamento jurídico aprove o relatório sob os aspectos legais. Antes da publicação, o dirigente máximo da entidade e seus principais assessores deverão fazer uma revisão geral e aprovar o relatório, considerando, especialmente, os aspectos políticos de exposição da entidade.

Além dos aspectos técnicos, a controladoria deverá considerar os aspectos qualitativos do relatório, para que um bom relatório técnico não perca validade em função de uma apresentação comprometida. Considerar os aspectos qualitativos não representa mudar o conteúdo do relatório, mas dar uma roupagem mais atraente para os usuários.

Uma preocupação que a controladoria deverá ter é com relação à qualidade do Formulário 20-F publicado pelas empresas que estão afetadas pela Lei Sarbanes-Oxley, considerando, especialmente, o comprometimento que o Presidente (CEO) e o Diretor Financeiro (CFO) da entidade terão de certificar trimestralmente e anualmente que:

- são responsáveis pela divulgação dos controles e procedimentos;
- definiram controles para assegurar que informações importantes são conhecidas por eles;

- avaliaram a eficácia dos controles divulgados;
- apresentaram suas conclusões no reporte requerido;
- divulgaram ao Comitê de Auditoria e aos auditores deficiências significativas de controle e atos de fraude;
- indicaram no reporte mudanças significativas de controle interno.

A responsabilização direta do CEO e do CFO pelas divulgações da entidade poderá gerar penalizações no caso de divulgações erradas ou inexatas, sendo impostas penalidades, tais como: (a) multa em até US$ 1 milhão e/ou prisão civil de até 10 anos nos casos em que o CEO ou o CFO saibam que o relatório não está de acordo com as exigências da SEC, mas mesmo assim atestem sua veracidade, (b) multa em até 5 milhões e/ou prisão civil de até 20 anos quando a violação for efetuada com dolo.

A lei determina a participação efetiva do CEO e CFO na preparação dos relatórios da companhia, devendo ser criado um sistema por meio do qual estes executivos realizem uma investigação independente e formal dos documentos contábeis, servindo respectivos documentos para eventual investigação criminal. Deverão, também, questionar e orientar os responsáveis em todas as fases do processo.

A responsabilidade do CEO foi reforçada devendo revisar os trabalhos realizados pelo CFO bem como por outros departamentos da empresa. O sistema de revisão de trabalhos pelo CEO deverá ser implementado pela própria companhia, na melhor forma que lhe convier. O CEO e o CFO deverão certificar os formulários 20-F declarando:

(a) que o relatório obedece integralmente os requerimentos da SEC, não somente em relação às demonstrações financeiras, mas em relação às demais informações da companhia;

(b) que as informações representam todos os aspectos financeiros e operacionais da companhia.

Fica latente, portanto, que a controladoria deverá ter uma preocupação na preparação dos relatórios que serão disponibilizados para o mercado, pois poderão trazer impactos internos e externos, tanto positivos quanto negativos.

2.5 Manuais internos de procedimentos

Além das informações que deverão ser disponibilizadas para usuários internos e externos, a controladoria deverá criar uma rotina de criação e manutenção dos manuais internos de uma entidade.

Como destacado anteriormente, o aumento em tamanho e complexidade e a globalização física das organizações no início do século XX, geraram a necessidade de maior delegação de autoridade e responsabilidade em muitas companhias e, como consequência, a necessidade de mais checagens e demonstrações para controle interno, surgindo com isso a controladoria.

Aliado a esse fato, percebe-se que o aumento da delegação de autoridade e de responsabilidade necessitam de uma maior padronização de políticas e procedimentos. Com isso, os manuais se tornam ainda mais importantes, uma vez que eles representam a primeira tentativa de estabelecer padrões. Nessa fase inicial, eles serviram de instrumento de comunicação da gerência, para definir os objetivos da entidade e estabelecer os controles para implementá-los. De igual forma, os manuais passaram a definir operações padronizadas em uma entidade, buscando a eliminação da dispersão operacional.

Os manuais de procedimentos, segundo Kruger (1997), devem determinar as técnicas de execução das tarefas, bem como espelhar fielmente a realidade dos serviços a serem realizados em uma entidade. Os manuais devem conter suas principais políticas e procedimentos. As políticas traduzem as diretrizes que a alta gerência utiliza como um guia geral para gerenciar a entidade e os procedimentos definem regras específicas ou uma série de passos para cumprir uma tarefa. Os procedimentos podem ser desenvolvidos por qualquer nível na organização.

Considerando que toda entidade possui diretrizes gerais que devem ser seguidas para seu gerenciamento, a controladoria deverá criar programas de formalização dessas políticas e procedimentos, por meio da criação de manuais, com o objetivo precípuo de atingir a missão organizacional. Portanto, a manualização tem como um dos objetivos a determinação de políticas e procedimentos únicos e formais, para que não existam tratamentos desiguais para atividades similares, ocasionando resultados ineficientes e perda de uniformidade.

Por essa razão, Roehl, Anderson e Bragg (2004) definem que as políticas e procedimentos devem ser escritos e publicados em forma de manual. Os manuais têm como função, como destacam os autores, prover os colaboradores de um instrumento de comunicação, em que devem ser estabelecidos um único entendimento comum com relação à interpretação das políticas e um único tratamento para os procedimentos a serem adotados no cumprimento de determinada tarefa. Para Starkweather (1992), dentro de um contexto mais operacional, um procedimento pode ser definido como um modo de se fazer um trabalho e um manual de procedimentos como o registro documentado desse modo.

O Instituto Nacional de Desenvolvimento Gerencial (2005) definiu Padronização como sendo o conjunto de atividades para estabelecer, utilizar e avaliar padrões quanto ao seu cumprimento, à sua adequação e aos seus efeitos sobre os resultados. Assim, o objetivo do processo de padronização por meio de um manual busca o estabelecimento de práticas padronizadas que permitam a geração de informações gerenciais e societárias que sejam consistentes e comparáveis entre as diversas unidades da mesma entidade, por meio do uso das melhores práticas identificadas.

Entende-se por práticas todas as ações desenvolvidas por um indivíduo ou por grupos de indivíduos, buscando a realização de determinada atividade. Na prática, é possível encontrar unidades da mesma entidade que adotam procedimentos próprios para tratar procedimentos comuns a todas, podendo, inclusive, possuírem sistemas informais pelos quais os procedimentos podem ser criados e modificados com certa flexibilidade. Esses procedimentos podem resultar em tratamentos desiguais para situações similares, ocasionando resultados inconsistentes e incomparáveis.

Em razão disso, os procedimentos a serem adotados por uma entidade devem ser padronizados e publicados em forma de manual. Assim, um Manual de Padronização das Políticas e Procedimentos tem como função estabelecer um conhecimento comum a todas as unidades de um grupo organizacional, para que entendam, interpretem e adotem as mesmas práticas e procedimentos no tratamento das mesmas atividades.

Para Boggio (1995), a manualização deverá trazer alguns benefícios para uma entidade, sendo que os mais destacados são:

- revisão da literatura técnica existente para integrar conhecimentos e estabelecer padrões técnicos de ação;
- disponibilidade de material de base para desenvolver cursos de treinamento visando à melhoria da eficiência das operações da empresa;
- permitir que os novos técnicos que se incorporam à empresa disponham de uma base de informações e conhecimentos adequados a cada nível operacional e se adaptem mais rápida e facilmente aos procedimentos e à estrutura da organização;
- permitir a existência de um registro de soluções construtivas praticadas, que constitui um valioso acervo de consulta para atividades futuras da empresa;
- por meio da criação de um procedimento de atualização de documentos, evita-se a estagnação da capacidade técnica da empresa e agiliza-se a divulgação de novos conhecimentos.

Para Starkweather (1992), existem algumas razões que justificam a existência de um manual de procedimentos, sendo que as mais destacadas são:

- providenciar uma documentação de treinamento;
- estabelecer uma política da empresa;
- providenciar detalhes de processos desconhecidos;
- determinar soluções para não conformidades;
- cumprir requisitos legais de documentação das normas.

Para Roehl, Anderson e Bragg (2004), as entidades devem criar seus manuais com a finalidade de cumprir as seguintes necessidades:

- comunicar a todos os níveis de gerência da organização as políticas básicas e os procedimentos da entidade;
- prover um único conhecimento e uma única interpretação das políticas da entidade, bem como definir e estabelecer quando devem surgir novas políticas;
- promover padrões e formas de simplificação das ações. A preparação do manual, geralmente, considera alternativas e meios de ação, buscando identificar o método mais adequado;
- treinar colaboradores designados para a execução de novas atividades. É de extrema utilidade possuir um manual de instruções

para novos empregados, indicando como o trabalho deve ser realizado;

- implementar novos procedimentos de forma rápida, com grande escala de aprendizado por meio das divisões da entidade;
- permitir a comunicação imediata das mudanças nas políticas e procedimentos;
- criar uma ferramenta interna de controle, utilizada para gerenciar e formar embasamento para auditoria de controles internos;
- prover uma fonte de referência dos métodos aprovados pela corporação no tratamento de questões jurídicas;
- eliminar re-trabalho e promover a harmonia entre os colaboradores ao estabelecer e tornar claras as responsabilidades de cada um. Os manuais devem incluir uma completa discrição dos trabalhos e suas posições hierárquicas;
- reduzir o tempo depreendido para gerenciar o período gasto em instruções e comandos dos colaboradores.

Algumas premissas devem ser consideradas como parâmetros para a criação e manutenção dos manuais organizacionais. Entre as principais, destacam-se as seguintes:

- a padronização deverá ser realizada somente para procedimentos relevantes, considerando as peculiaridades de cada unidade de uma entidade. A controladoria deverá determinar o que é ou não relevante para fins de padronização;
- a padronização deverá buscar a minimização de diferenças de procedimentos no tratamento contábil de transações semelhantes, sempre respeitando os princípios de contabilidade locais, quando as informações forem geradas para usuários externos à entidade;
- uma vez definido um procedimento padrão, esse deverá ser adotado por todas as unidades, até que a controladoria informe qualquer tipo de alteração;
- sempre que possível, o elemento norteador para a definição de um procedimento padrão deverá ser a essência sobre a forma;
- a padronização deverá determinar quais controles internos serão afetados ou quais controles deverão ser criados para que todas unidades tenham a mesma gestão de risco;
- os procedimentos padronizados deverão ser abrangentes, não departamentais, pois devem servir de parâmetro para a melhor operacionalização e não de elemento de burocratização da entidade;

- os manuais não devem ser criados pelos próprios departamentos, considerando o objetivo, que é a padronização em toda entidade, o que poderia não ocorrer caso a responsabilidade não fosse da controladoria;
- os manuais deverão estar sempre atualizados e consistentes com as políticas e procedimentos da entidade. Uma revisão periódica dos manuais deverá ser programada para assegurar sua consistência, evitar duplicidade, eliminar procedimentos sem validade ou defasados. Essa revisão deverá ser supervisionada pela controladoria para garantir a veracidade e consistência dos trabalhos revisionais. As revisões devem envolver todas as principais atividades de uma entidade;
- a criação de manuais deverá contribuir para a busca da eficácia organizacional, tentando reduzir desperdícios com atividades inconsistentes e mal elaboradas;

Na estruturação de um manual, a controladoria deverá destacar a época de sua revisão, para que os mais recentes procedimentos sejam adotados. Sempre que possível apresentar exemplos para facilitar o cumprimento dos procedimentos, incluir ilustrações para que o aprendizado seja facilitado, além de indicar numericamente a versão, para que o usuário sempre busque a mais recente.

Outra preocupação que a controladoria deverá ter com relação aos manuais é a sua distribuição e utilização dentro da entidade, pois, de nada adianta serem criados manuais para auxiliarem na eficácia operacional se não forem corretamente distribuídos e utilizados. A controladoria deverá estar permanentemente monitorando a contratação de novos colaboradores que necessitem de manuais e se os que possuem estão usando e interpretando corretamente as normalizações contidas nos manuais.

A entrega do manual pela controladoria deverá seguir um processo formal de identificação de quem está recebendo, quais as suas responsabilidades, que tipo de utilização poderá dar ao documento e qual o procedimento a ser adotado em caso de desligamento do colaborador da entidade ou de seu extravio.

A distribuição dos manuais poderá ser feita de forma eletrônica, impressa, por meio digital, dependendo de quem estará recebendo e qual deverá ser o seu uso. Em alguns casos, a forma impressa ainda é a mais operacional, considerando as condições de uso.

O processo de elaboração de um manual, segundo Roehl, Anderson e Bragg (2004), deverá considerar os seguintes tópicos:

- determinar quem será o usuário do manual e como este será usado;
- determinar os objetivos do manual e seu conteúdo, baseados nos objetivos;
- preparar o manual com um espaço para rascunho;
- definir as áreas de risco para cada procedimento e as alternativas para decisão;
- reunir formulários e reportes relacionados a cada procedimento;
- revisar os procedimentos que estão sendo utilizados;
- preparar um rascunho de cada procedimento proposto;
    - os rascunhos devem possuir espaço suficiente para revisões e alterações;
    - cargos devem ser utilizados em vez de nomes;
- assegurar que os departamentos interessados deram suas opiniões;
- elaborar um rascunho revisado, conciliando os pontos de vista conflitantes e incorporar as sugestões feitas para colocá-las em prática;
- estabelecer e obter as aprovações necessárias à publicação completa dos procedimentos.

Em relação à obtenção de aprovações, as aprovações apresentadas na Figura 2.3 são recomendadas.

Cargo	Área que requer aprovação
Presidente	Todas as publicações das principais políticas da entidade.
Diretor Administrativo	Todos os procedimentos de implementação das políticas da corporação.
Controller	Todos os procedimentos relacionados com contabilidade, controles, incluindo o caixa, custos, preços de transferência e registro dos eventos societários etc.
Executivo de Compras	Todos os procedimentos de aquisição de bens e serviços.
Executivo de Gestão de Pessoas	Todos os procedimentos envolvendo recursos humanos, benefícios, segurança, relações trabalhistas etc.
Executivo de Engenharia e Pesquisa	Todos os procedimentos relacionados com as atividades técnicas e operacionais.

Figura 2.3 Recomendações de Aprovações

Assim, como ficou destacada a importância da aprovação dos manuais pelas várias instâncias, é importante que no momento das revisões, também exista uma aprovação dessas mesmas instâncias, considerando a responsabilidade que os manuais possuem na operacionalização de uma entidade.

3 SISTEMAS DE INFORMAÇÕES

3.1 Aspectos introdutórios

As funções da Controladoria destacadas anteriormente são muito dependentes da função de gestão de sistemas de informações, pois, percebe-se que com a evolução da tecnologia da informação, dificilmente uma entidade gerenciará suas informações fora de um sistema. Por isso, cabe à controladoria, como gestora informacional, ter ingerência permanente nos sistemas de informações de qualquer tipo de entidade.

Pode-se caracterizar essa função como a responsabilidade da controladoria de desenvolver, estabelecer e manter sistemas de contabilidade societária, de custos e gerencial para todos os níveis da entidade, incluindo corporação, divisões, fábricas e unidades, para apropriado registro das atividades e adequado controle interno, com suficiente flexibilidade para fornecer informações necessárias para os executivos tomarem decisões e acompanharem o resultado dos negócios.

Para Polloni (2000), sistema de informação pode ser definido como qualquer sistema utilizado para prover informações, qualquer que seja sua utilização. Portanto, sistema de informações pode ser entendido, segundo Arima (apud Schmidt, 2002) como um conjunto de procedimentos estruturados, planejados e organizados que, uma vez executados, produzem informações para suporte ao processo de tomada de decisão.

Os sistemas de informações podem ser estruturados conforme o nível de informações que são geradas. Assim, de um modo geral, os níveis são divididos em sistemas de apoio à decisão, sistemas de informações gerenciais e sistemas de apoio à transação, conforme apresentado na Figura 3.1.

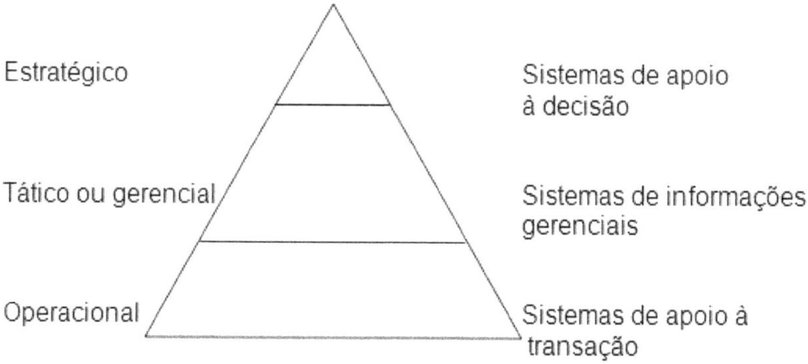

Figura 3.1 Localização dos sistemas de informações em relação à hierarquia das informações.
Fonte: Arima (apud Schmidt, 2002, p. 83)

Para Arima (apud Schmidt, 2002), os sistemas de apoio à transação (SAT), ou sistemas de informações operacionais, constituem-se de sistemas de processamento das transações que correm em paralelo aos fluxos físicos e acompanham o dia-a-dia das operações de uma entidade. Em determinadas situações, podem ser acompanhados de sistemas tomadores de decisão e/ou sistemas voltados para tomada de decisões direcionadas para a operação. Esses sistemas, normalmente, possuem as seguintes características:

- são estruturados quanto às suas decisões;
- são padronizados e repetitivos quanto a seu funcionamento;
- mantêm garantia na exatidão dos dados;
- têm relativa falta de flexibilidade na geração de informações;
- são baseados, normalmente, em dados internos da organização;
- geram relatórios de controle operacional e, em alguns casos, até gerencial.

Os sistemas de informações gerenciais (SIG) são os que, segundo Arima (apud Schmidt, 2002), suportam as atividades gerenciais. Esses sistemas têm por objetivo fornecer subsídios às diversas áreas funcionais da organização, dando assistência às tomadas de decisões para identificar e corrigir problemas de competência gerencial. Devem, além disso, auxiliar no processo de planejamento e controle empresarial em nível gerencial, tratando os diversos bancos dos sistemas transacionais. As principais características determinadas por Arima (2002) para esses sistemas são:

- são semiestruturados em termos de tomadas de decisões;
- são customizados, isto é, ajustados às necessidades das áreas funcionais como vendas, produção, finanças, etc., podendo ou não ser repetitivos;
- ainda são pouco flexíveis na geração de informações;
- utilizam projeções, modelos e informações subjetivas;
- permitem consultas diversas;
- têm pouca ou nenhuma entrada de dados;
- são integrados às funções do negócio;
- baseiam-se em dados internos e externos da organização;
- geram informações tanto analíticas como sintéticas, sendo que em alguns casos, podem até apresentar projeções.

Os principais usuários desses sistemas são os gestores de nível intermediário, tais como gerentes de vendas, de produção, de recursos humanos, analistas de custos etc.

Um sistema de apoio à decisão (SAD) pode ser entendido, segundo Castro e Carvalho (1999), como um sistema computadorizado que fornece ao executivo fácil acesso às informações internas e externas que são relevantes para os fatores críticos de sucesso de seu trabalho. Esses sistemas devem ser personalizados e desenvolvidos para usuários executivos de forma individualizada.

Eles devem extrair, filtrar, comprimir e localizar dados críticos, prover acesso a status em tempo real, análise de tendências, relatórios de exceção, acesso e integração a uma vasta amplitude de dados externos e internos. Eles também devem ser amigáveis ao usuário e requererem um mínimo ou nenhum treinamento para utilização e devem ser usados diretamente por executivos sem intermediários e apresentar gráficos, tabulações e/ou informações textuais.

A construção de um SAD, segundo Cielo (2005-a), terá como base os sistemas de apoio às transações existentes em uma entidade. Os dados nele armazenados é que alimentarão os SAD. O processo de construção inicia-se com o levantamento e definição dos objetos de negócios e, por conseguinte, das questões gerenciais que os respondem.

Essa etapa é de extrema importância, pois é ela quem irá determinar quais serão os dados a serem armazenados no *Data Warehouse* (DW). A segunda etapa consiste em fazer a modelagem dimensional, ou seja, partindo dos objetos gerenciais levantados faz-se a modelagem do novo banco gerando os fatos e as dimensões. Logo em seguida, parte-se para a criação física do modelo, em que as especificidades do Sistema Gerenciador de Banco de Dados (SGBD) e da ferramenta OLAP (On Line Analitical Processing) escolhidos são levadas em consideração para otimizar as futuras consultas ao banco. A ferramenta OLAP permite acesso rápido aos dados conjugado com funcionalidades de análise multidimensional dos mesmos pelos usuários finais.

A rapidez exigida nos atuais processos de decisão requer respostas satisfatórias, algo em torno de 5 segundos para a resposta, segundo Cielo (2005-b). A análise deve ser dinâmica, em que o usuário pode fazer a consulta que quiser, sem depender de um técnico, e multidimensionalmente compartilhada. Feito isso, o passo seguinte é a carga dos dados no DW. Para isso, é necessário que se definam as origens dos mesmos nos sistemas legados, ou seja, identificar em quais sistemas e em que estão armazenados.

Nessa etapa, é imprescindível a supervisão da controladoria e a presença de um analista de sistemas da entidade que conheça profundamente os sistemas transacionais, pois isso facilitará muito o trabalho de localização e identificação dos dados. A próxima etapa é fazer as rotinas de extração dos dados.

Essas rotinas podem ser desenvolvidas por programadores em qualquer linguagem de programação. Após a extração resta dar a carga dos dados no banco dimensional criado no segundo passo. Essa carga também pode ser feita por meio de rotinas desenvolvidas por programadores. Uma alternativa às rotinas mencionadas nas duas etapas anteriores é o que chamamos de ferramentas de "extração, filtragem e carga dos dados", que têm uma série de funcionalidades que as tornam muito superiores às primeiras.

Contudo, o fator custo pode torná-las inviáveis em projetos com escopo mais restrito. Concluída a carga deve-se fazer uma checagem profunda da consistência dos dados, isso é muito importante, pois não se deve esquecer que estarão sendo trabalhadas informações para dar suporte à decisão, e qualquer informação errada poderá determinar o fracasso da análise do negócio em questão.

Outro passo importantíssimo na elaboração de um SAD, segundo Cielo (2005-a) é a confecção e armazenamento dos metadados.

Os metadados são os dados de controle do Data Warehouse, eles são responsáveis pelo mapeamento dos dados de cada etapa da implementação do SAD. Para que seja feita a análise dos dados serão necessárias ferramentas OLAP, que permitem a visualização dos dados da base dimensional e sua análise de acordo com o que foi imaginado. As ferramentas OLAP serão os principais acessórios sistêmicos dos gestores no processo de tomada de decisão.

Percebe-se, a partir desse cenário, que a gestão de sistemas de informações gera uma necessidade de que o *controller* seja um profissional que tenha profundo conhecimento de TI para poder participar ativamente da estruturação de sistemas como o de gestão de clientes via *Web* (os chamados CRM), de comércio eletrônico (*Web E-commerce*), dos sistemas integrados de gestão (ERP), sistemas de apoio à decisão (SAD), etc.

A participação da controladoria de forma direta na gestão desses sistemas deve-se ao fato de que as entidades são dependentes dos sistemas para gerenciamento de suas informações, além da representatividade em termos de investimento que normalmente esses sistemas representam para uma entidade.

No processo de gerenciamento dos sistemas de informações é fundamental que se tenha claro a distinção entre o que é um dado, uma informação e um conhecimento. Para Rezende (2005), os conceitos de dados, informações e conhecimento podem ser definidos como sendo os seguintes:

- dados: incluem os itens que representam fatos, textos, gráficos, imagens estáticas, sons, segmentos de vídeo analógicos ou digitais etc. Os dados são coletados, por meio de processos organizacionais, nos ambientes interno e externo. Em suma, dados são sinais que não foram processados, correlacionados, integrados, avaliados ou interpretados de qualquer forma. Os dados representam a matéria-prima a ser utilizada na produção de informações;

• informações: os dados passam por algum tipo de processamento para serem exibidos em uma forma inteligível às pessoas que irão utilizá-los. O processo de transformação envolve a aplicação de procedimentos, que incluem formatação, tradução, fusão, impressão e assim por diante. A maior parte deste processo pode ser executada automaticamente. Uma vez que dados tenham sido transformados em informações, pelo menos em uma interpretação inicial, é possível refinar as informações mediante um processo de elaboração. As informações resultantes deste processo incluem características adicionais do problema, geram hipóteses, consequências das hipóteses, sugerem soluções para problemas, explanação e justificativas de sugestões, crítica de argumentos etc.;

• conhecimento: o conhecimento é obtido pela interpretação e integração de vários dados e informações. O processo de transformação é realizado por meio de avaliação de dados e informações. Os insumos provenientes das diversas fontes são analisados e combinados na síntese de um produto final, o conhecimento. É por meio do conhecimento que aqueles que assessoram as decisões buscam uma compreensão mais efetiva da situação problema. O conhecimento não é estático, modificando-se mediante a interação com o ambiente, sendo este processo denominado aprendizado. Uma visão mais ampla é que o aprendizado é a integração de novas informações em estruturas de conhecimento, de modo a torná-las potencialmente utilizáveis em processos futuros de processamento e de elaboração. A informação pode ser inserida em um computador por meio de uma representação em forma de dados. Como o conhecimento não é sujeito a representações, não pode ser inserido em um computador.

3.2 Necessidade de implantação de sistemas de informações

O atual cenário de negócios globalizado criou uma necessidade de que as entidades passem a ter sistemas que gerem informações cada vez mais velozes e confiáveis para fundamentação do processo decisório.

Essa necessidade pode ser explicada por alguns fatores bem definidos como a evolução tecnológica sentida nos últimos anos, as mudanças no mercado de competitividade mundial em todos os setores da economia, influências externas de vários setores da sociedade, etc., são fatores que impactaram diretamente no processo decisório dos gestores. Esses fatores, associados a outros também de grande impacto, fazem com que as informações tragam vantagens competitivas para quem as obtém de forma rápida e consistente.

Assim, pode-se definir que as principais razões para a implantação de um sistema de informações são:

- apoiar as metas e objetivos da entidade: como já definido anteriormente, os sistemas de informações devem facilitar o atingimento dos fatores críticos de sucesso da entidade, considerando que os sistemas não podem ter um fim em si mesmos, mas devem ser usados como uma ferramenta estratégica para facilitar atividades como a de comercialização, de projeção de novos produtos, de análise financeira, de gestão de risco e de valor etc.;

- aperfeiçoar o uso dos recursos da entidade: sem uma visão holística das necessidades informacionais de uma entidade, é possível que uma entidade desperdice muitos recursos em *softwares* e *hardwares* incompatíveis e desnecessários para o processo decisório e de acompanhamento da gestão. Cabe, portanto, à controladoria o papel de gestão de projetos de sistemas de informações para que os recursos sejam otimizados. Além disso, com uma má gestão, uma entidade poderá desperdiçar muitos recursos em projetos desnecessários, com o envolvimento de pessoal qualificado da área de TI que poderia estar desenvolvendo outras atividades imprescindíveis para o sucesso da entidade;

- prover meios de acompanhar a evolução do cenário econômico: a implantação de sistemas de informações em uma entidade deverá representar um elemento facilitador de seu processo de gestão, por isso é necessário que ele tenha capacidade de facilitar o processo de adaptação das mudanças nos cenários econômicos nacionais e internacionais, considerando que o sucesso da entidade depende muito de seus planos e de sua contínua adaptabilidade à realidade do mercado. Esse processo contínuo deverá incorporar as novas ferramentas de TI disponíveis no mercado para que a entidade consiga competir com igualdade de condições com os demais *players* do mercado.

Portanto, o atingimento das metas planejadas para o sucesso de uma entidade que atua em uma sociedade globalizada, seja qual for sua área de atuação, depende diretamente da qualidade de seu sistema de informações. Assim, uma das prioridades de qualquer entidade deverá ser a criação de sistemas de informações qualificados e que atendam de imediato às principais necessidades de seus gestores.

3.3 Desenvolvimento de um sistema de informações

Para que o sucesso no desenvolvimento de um sistema de informações seja alcançado, será necessário seguir um planejamento que pode ser dividido, segundo Roehl, Anderson e Bragg (2004), nas seguintes etapas:

- definir a estratégia de negócio da entidade;
- documentar o estado atual da tecnologia de informação da entidade;
- desenvolver a arquitetura da tecnologia de informação;
- desenvolver o sistema de informações;
- definir o planejamento para monitorar e atualizar o sistema de informações.

3.3.1 Definir a estratégia de negócio da entidade

Um dos principais fatores críticos de sucesso de um sistema de informação é a inserção de seu planejamento no plano estratégico da entidade. Se isso não acontecer, poderão ocorrer investimentos de recursos em sistemas que não estejam integrados na meta principal da entidade. Para definir a estratégia de um negócio, são necessários alguns passos críticos destacados por Roehl, Anderson e Bragg (2004):

a) identifique de cinco a dez indivíduos chaves, dentro da entidade, que entendam sua visão, missão, crenças, valores e metas de curto e longo prazo, bem como a provável participação no mercado para os próximos três a cinco anos. Nessa primeira etapa, a controladoria poderá utilizar um questionário aplicável a essas pessoas selecionadas para facilitar o entendimento das estratégias. Esse questionário poderá conter as seguintes questões:

• qual a sua visão de curto e longo prazo da entidade?

• quais são as metas (grandes aspirações) da entidade?

• quais são os objetivos específicos (objetivos mensuráveis) da entidade?

• quais são os fatores críticos de sucesso da entidade (identificar de cinco a oito fatores que devem ocorrer para que o sucesso seja atingido)?

• quais são as principais variáveis que devem ser consideradas (por exemplo: os preços subirão, a competição se intensificará etc.) e que estão fundando sua visão para que a entidade atinja suas metas?

• quais serão as principais barreiras (por exemplo: falta de consolidação de dívida flutuante, legislação restritiva, grupo conservador de diretores etc.) para alcançar as metas da entidade?

• quais são suas principais necessidades informacionais?

• como você vê a área de TI como departamento de apoio à entidade e lhe proporcionando as informações necessárias para sua gestão?

• qual deveria ser o papel da TI no futuro da entidade?

• você vê a área de TI como um *player* estratégico para a entidade? Se não, deveria ser?

a1) esse questionário deverá ser aplicado em gestores que conheçam profundamente a entidade e que possam contribuir para que a controladoria entenda as reais necessidades informacionais e que possa planejar com sucesso seus sistemas de informações;

a2) a controladoria deverá planejar sessões curtas com os gestores (por exemplo: duas horas), para que não se torne uma atividade desgastante;

a3) a controladoria deverá conduzir as sessões de entrevista com os gestores;

a4) os resultados deverão ser documentados para que sirvam de instrumento hábil para a projeção dos sistemas de informações;

a5) a controladoria deverá programar uma reunião posterior com os entrevistados. O propósito desta sessão é discutir os resultados das entrevistas e priorizar os fatores sobre os quais as informações foram levantadas;

a6) os resultados da reunião deverão ser documentados e deverá haver um planejamento de uma agenda de estratégia para que a área de TI da entidade priorize os sistemas que deverão gerar maior contribuição para o atingimento da missão organizacional.

3.3.2 Documentar o estado atual da tecnologia de informação da entidade

Essa etapa consiste no levantamento e documentação do atual estágio de desenvolvimento dos sistemas de informações da entidade. Os principais passos a serem delineados nessa fase incluem:

a) levantamento e avaliação dos atuais sistemas de informações existentes na entidade. Antes de definir a futura arquitetura dos sistemas de informações, será importante entender quais são os atuais sistemas, em que as informações são armazenadas, se são integrados e quais investimentos já foram realizados nos desenvolvimentos anteriores;

b) após o levantamento e avaliação, a controladoria junto com a área de TI deverá documentar essa atividade inicial identificando todos os aplicativos existentes (por exemplo: contas a pagar, contabilidade, folha de pagamento etc.) usados pela entidade e de que forma eles são integrados ou conectados uns aos outros. De forma complementar, a controladoria e a área de TI deverão avaliar a capacidade das pessoas que utilizam os sistemas, buscando a identificação da qualidade técnica do pessoal envolvido no manuseio dos sistemas, tendo como foco a capacidade das pessoas em utilizar os sistemas para o atingimento da missão organizacional. Essa avaliação poderá gerar planos de atualização ou até de contratação de novos colaboradores para que os sistemas sejam plenamente utilizados;

c) além da avaliação da capacidade dos usuários de utilizar os sistemas, a controladoria deverá também proceder a uma avaliação e documentação do atual estágio de desenvolvimento técnico da área de TI. O objetivo desta atividade é definir a qualidade técnica do pessoal de TI e de que forma eles estão apoiando a entidade nas suas necessidades de informação. Deverão ser avaliados fatores como flexibilidade e adaptabilidade às novas demandas, habilidade de desenvolvimento e expansão de sistemas e habilidade de apoiar a estratégia global da entidade;

d) após essa avaliação, a controladoria deverá proceder a uma documentação do nível de desenvolvimento de TI da entidade. Essa atividade deverá ser realizada para que a controladoria tenha um mapeamento sobre a área de TI, tendo assim, condições de planejar melhor as necessidades da área e os sistemas de informações da entidade, evitando inconsistências entre as demandas e a capacidade de produção da área de TI;

e) antes de desenvolver um sistema de informações é importante que a controladoria faça um mapeamento e documentação dos principais processos, para que exista um pleno entendimento do que é realizado na entidade. Esse entendimento facilitará todo processo de planejamento das necessidades de sistemas de informações para apoiar o processo decisório.

3.3.3 Desenvolver a arquitetura da tecnologia de informação

Durante a fase de planejamento da arquitetura de TI, em que são planejados os principais sistemas de informações da entidade, a controladoria e a área de TI deverão desenvolver os seguintes elementos da arquitetura sistêmica: informações, aplicativos, tecnologias e administração. Cada um desses elementos arquitetônicos será descrito a seguir.

▪ **Arquitetura das informações**

Na fase de arquitetura das informações deverão ser definidas as prioridades informacionais a partir das necessidades dos gestores. Nessa fase, também deverão ser definidas as principais regras de como a entidade administrará seus sistemas de informações.

▪ **Arquitetura dos aplicativos**

Depois de definidas as prioridades informacionais, a fase seguinte será a de definição dos principais aplicativos que serão utilizados de forma integrada para a geração das informações organizacionais. Nessa fase da arquitetura deverão ser deliberados os seguintes aspectos para cada aplicativo:

• quais são as exigências de informações e em que setores da entidade serão implantados?

• quais aplicativos serão integrados?

• quais aplicativos deverão ser substituídos e quais deverão ser reformulados?

• quais aplicativos devem ser desenvolvidos internamente e quais devem ser adquiridos?

▪ **Arquitetura da tecnologia**

Na fase de arquitetura da tecnologia a controladoria deverá buscar uma visão holística para definição de *hardware*, de *software* e de rede que deverão ser utilizados no ambiente computacional da entidade. É nessa etapa que a controladoria e a área de TI deverão decidir a plataforma técnica na qual seus aplicativos residirão, qual sistema operacional será implantado e que utilitários serão utilizados para administrar os sistemas e qual a tecnologia de rede que integrará os vários sistemas informacionais. Considerando o atual estágio de desenvolvimento da atividade de controladoria, seria muito importante que no momento da escolha da tecnologia a ser implementada pela entidade, tivesse a participação do pessoal da área de controladoria, considerando que é a área organizacional que possui a visão do todo da entidade e, especialmente, a identificação das necessidades informacionais dos principais gestores.

• **Arquitetura de administração**

A fase de arquitetura de administração, também chamada de arquitetura organizacional de TI, deverá descrever o tipo de infraestrutura organizacional necessária para apoiar as outras fases de arquitetura de TI da entidade. A arquitetura de administração deverá conter uma descrição detalhada dos tipos de profissionais necessários para apoiar o ambiente técnico e os aplicativos selecionados. A aquisição poderá ficar sobre a responsabilidade dos responsáveis pela arquitetura organizacional, bem como poderão ser definidas as principais regras e princípios sobre as quais a TI organizacional operará. Deverão ser definidas as necessidades de treinamento e admissão de novos colaboradores a partir da definição das habilidades necessárias para apoiar as futuras arquiteturas de sistemas.

3.3.4 Desenvolver o sistema de informações

Uma vez definida a arquitetura de TI, a etapa seguinte será o desenvolvimento dos sistemas de informações para apoio ao processo decisório.

Nessa fase deverão ser priorizados os sistemas que gerarão informações críticas ao processo decisório, conforme definição na fase de arquitetura dos sistemas. Normalmente, conforme definição de Roehl, Anderson e Bragg (2004), as iniciativas podem ser divididas em duas fases:

- **Iniciativas táticas**

Essas iniciativas buscam definir quais projetos sistêmicos devem ser completados dentro do primeiro ano do plano global. Baseado nas prioridades já definidas, os esforços deverão ser direcionados para os sistemas que precisão ser rapidamente desenvolvidos ou adquiridos. Nesses casos, a controladoria deverá implementar *workflow* para cada projeto, com o objetivo de melhor gerenciar os recursos da entidade.

Esses projetos podem incluir a seleção de *softwares* para novos aplicativos, bem como o melhoramento da infraestrutura de TI (por exemplo: a aquisição de uma nova metodologia para desenvolvimento de sistemas e de implementação e treinamento de pessoal). Entre as iniciativas prioritárias, deverá estar a concepção de um Guia Princípios de TI, que poderá conter as seguintes informações:

- a área de TI deverá apoiar os usuários finais de uma maneira oportuna e efetiva;
- deverão ser utilizados *software*s de pacote comerciais sempre que possível;
- utilizar *hardware*s aprovados pelo mercado;
- sempre que possível e financeiramente for mais conveniente, arrendar (*leasing*), em vez de comprar *hardware*;
- os projetos de sistemas deverão ser estruturados, sempre que possível, com tecnologia aprovada pelo mercado de TI;
- deverá ser mantida a confidencialidade e integridade de todos os dados integrados aos sistemas informacionais;

• deverá ser assegurado que os dados sempre estejam prontamente disponíveis aos usuários;

• deverá ser criado e mantido atualizado um plano de recuperação de informações causadas por problemas acidentais nos sistemas;

• a controladoria e a área de TI deverão estar constantemente monitorando e investigando possíveis falhas de segurança nos sistemas;

• a missão organizacional deverá sempre balizar a área de TI para que os sistemas estejam constantemente atualizados às novas metas da entidade.

Na estruturação de um projeto de sistema a controladoria e a área de TI, poderão definir, por exemplo, as seguintes características:

• descrição do projeto: seleção de *Software* para a área de Contabilidade;

• patrocinador do projeto: Controladoria;

• duração do projeto: de julho a dezembro de 2006;

• atividades principais: definir os requisitos necessários para o sistema:

▪ preparar e distribuir pedidos para propostas de fornecedores;

▪ revisar as propostas recebidas;

▪ escolher os fornecedores finalistas;

▪ efetuar visitas aos fornecedores para identificar as reais capacidades para fornecimento dos sistemas;

▪ selecionar o fornecedor;

▪ negociar um contrato de fornecimento.

• *players*: controladoria, gestores da área de contabilidade, financeira e gestores da área de TI;

• orçamento: $ 500.000.

Com base nessas informações, a controladoria deverá acompanhar com um *workflow* o desenvolvimento do projeto.

• **Iniciativas estratégicas**

As iniciativas estratégicas, geralmente, cobrem um espaço de tempo maior, podendo ocupar um intervalo de tempo de até cinco anos. Abrangem todas as iniciativas de longo prazo que a entidade acredita que sejam necessárias para assegurar que a TI apoie as metas globais e os objetivos departamentais. A implementação de um sistema integrado de gestão (por exemplo: "*mySAP.com*" da SAP) deve fazer parte das iniciativas estratégicas organizacionais, considerando que poderá envolver grande parte dos departamentos e colaboradores e poderá representar um investimento considerável da entidade.

Para cada iniciativa estratégica, a controladoria e a área de TI deverão desenvolver uma estrutura de projeto específico. O projeto deverá conter as características descritas anteriormente para um projeto de sistema e deverá ser considerada a importância do mesmo e que ele obtenha aprovação dos executivos, para que diminua o risco de não conclusão de projetos prioritários.

3.3.5 Definir o planejamento para monitorar e atualizar o sistema de informações

Considerando que uma entidade esteja inserida em um contexto econômico de constantes mudanças, é fundamental que exista um monitoramento regular por parte da controladoria e da área de TI de todos os sistemas, priorizando os que geram informações críticas ao processo decisório.

O planejamento sistêmico deve criar mecanismos que tornam a revisão e o monitoramento uma rotina organizacional. Para isso, a controladoria deverá definir algumas atividades que documentem esse processo de acompanhamento dos sistemas de informações, para que as ações corretivas e norteadoras dos sistemas sejam realizadas sempre que identificadas necessidades de ajustes. Essas atividades devem ser efetivas, considerando especialmente o risco que uma informação não fidedigna poderá trazer para o processo decisório, além do investimento considerável que normalmente um sistema representa para uma entidade.

O desenvolvimento dos sistemas de informações deverá trazer uma série de benefícios para a entidade, sendo que alguns dos principais são:

- minimização da possibilidade de aquisições de *hardwares* e *softwares* impróprios. Por exemplo, se o plano indica que a organização deverá atuar em um ambiente de rede *Windows XP*, deveria evitar adquirir sistemas de tenham dificuldade de fazer *interface* com esse ambiente;

- outra possibilidade seria a oportunidade de eliminar sistemas que não estejam sendo utilizados de forma satisfatória ou sistemas duplicados que realizam funções análogas. Não é incomum entidades, constantemente, remodelarem seus sistemas ou agregarem novas tarefas que prejudicam o desempenho geral e podem comprometer a qualidade das informações. O processo de eliminação ou substituição de sistemas com baixo desempenho poderá trazer grandes benefícios organizacionais;
- uma das principais vantagens de desenvolver sistemas, segundo Roehl, Anderson e Bragg (2004), é que pode melhorar o enfoque sistêmico da entidade e seu papel estratégico, pois o processo de desenvolver um sistema de informações força os executivos a avaliarem o papel dos sistemas dentro da própria entidade e de promover uma aproximação com o atual estágio de desenvolvimento da área de TI;
- possibilita que toda entidade esteja consciente das arquiteturas sistêmicas que serão utilizadas nos próximos anos, fazendo com que todos colaboradores participem e tenham um comprometimento com o sucesso dos projetos;
- o desenvolvimento de sistemas poderá criar oportunidades para que a entidade disponibilize novas tecnologias sistêmicas que poderão trazer benefícios não somente para o processo decisório, mas para tarefas diárias que poderão ser executadas mais facilmente em função das facilidades da TI. Essas oportunidades poderão ser geradas por processos de *benchmark* realizados durante a fase de desenvolvimento dos sistemas.

Portanto, o papel da controladoria de desenvolver, estabelecer e manter sistemas de informações é de vital importância para que a entidade atinja seus objetivos. O sucesso na gestão de sistemas não é um mérito da controladoria, mas uma obrigação, considerando que seu principal papel é a gestão informacional de uma entidade.

REFERÊNCIAS

ACKOFF, R. L. **Planejamento empresarial**. Rio de Janeiro: Livros Técnicos e Científicos,1976.

ACKOFF, R. L . The future of operational research is past. **Journal of Operational Research Society**, v. 30, n. 2, p. 93-104, 1979.

ALLEN, Franklin; PERCIVAL, John. **Andar na crista da onda pode ser fácil, mas... Dominando Finanças**. São Paulo: Makron Books, 2001.

ANDERSON, Esteven R. **Time-driven activity-based consting**: a simpler and more powerful path to higher profits. Boston: Harvard Business School Press, 2007.

ANDRADE, M. M. A. **Como preparar trabalhos para cursos de pós-graduação: noções práticas**. São Paulo: Atlas, 1997.

ANEFAC. **IT Governance – artigo II - Cobit – estrutura do framework**. Disponível em: <http://www.anefac.com.br/m5.asp?cod_noticia=332&cod_pagina=903>. Acesso em: 28 out. 2005.

ANSSOF, H. Igor; DECLERCK, Roger P.; HAYES, Robert L. (orgs.). **Do planejamento estratégico à administração estratégica**. São Paulo: Atlas, 1981.

ANSSOF, H. Igor; McDONNELL, Edward J. **Implantando a administração estratégica**. 2.ed. São Paulo: Atlas, 1993.

ANTHONY, Robert N.; GOVINDARAJAN, Vijay. **Sistemas de controle gerencial**. São Paulo: Atlas, 2002.

ANTUNES, Maria Thereza Pompa; MARTINS, Eliseu. Capital intelectual: verdades e mitos. **Revista Contabilidade e Finanças – USP**, São Paulo, n. 29. p. 41-54, maio/ago 2002.

ARIMA, Carlos Hideo. Sistemas de informações gerenciais. In: SCHMIDT, Paulo (org.). **Controladoria**: agregando valor para a empresa. Porto Alegre: Bookman, 2002. p.79-90.

ASSAF NETO, Alexandre. A dinâmica das decisões financeiras. **Caderno de Estudos da FIPECAFI**, São Paulo, v. 9, n. 16, jul./dez. 1997.

ASSAF NETO, Alexandre. **Finanças corporativas e valor**. São Paulo: Atlas, 2003.

ATKINSON, Anthony A. et al. **Contabilidade gerencial**. São Paulo: Atlas, 2000.

BADEJO, Marcelo Silveira. **Análise da agregação de custo e de valor por atividades, em uma cadeia agroindustrial**: caso do gado de corte. 2005. Tese de (Doutorado em Agronegócios) - Universidade Federal do Rio Grande do Sul, Programa de pós- graduação em Agronegócios, Porto Alegre, 2005.

BARCELLOS, Paulo Fernando Pinto. Estratégia empresarial. In SCHMIDT, Paulo (org.). **Controladoria**: agregando valor para a empresa. Porto Alegre: Bookman, 2002. p. 39-52.

BARSANTINI, Jorge. **Efectos de la inflación em la contable-financiera y métodos sugeridos para corregirla**. In: SEMINÁRIO REGIONAL INTERAMERICANO ORGANIZADO POR LA AIC Y LA FEDERACÍON DE COLEGIOS DE CONTADORES PÚBLICOS DEL PERU-LIMA, 2., p.8-11, abril 1982.

BASTOS, Norton Torres. Avaliação de desempenho de bancos brasileiros baseada em criação de valor econômico. **Revista de Administração**, São Paulo, v. 34, n. 3, jul./set. 1999.

BASTOS, Alexandre Luís Souza; PROENÇA, Adriano; FERNANDES, Amarildo da Cruz. Mais do que Orientar, Ensinar: O Balanced Scorecard e a gestão estratégica. In: ENCONTRO NACIONAL DE ENGENHARIA DA PRODUÇÃO. Salvador, 2001, 21. **Anais...** Disponível em: <http://www.gpi.ufrj.br/artigos>. Acesso em: 20 nov. 2005.

BEER, S. **Cibernética e administração industrial**. Rio de Janeiro: Zahar, 1969.

BENNETT J. W. et al. Um novo modelo para implementar a estratégia. **HSM Management**, n. 26, p. 16-22, maio/jun. 2001.

BERLINER C.; BRIMSON, James A. **Gerenciamento de custos em indústrias avançadas**: base conceitual CAM-I. São Paulo: T. A. Queiroz, 1992.

BESANKO, David et al. **Economics of strategy**. 3.ed. New Jersey: John Willey & Sons, 2004.

BIERMAN Jr., Harold; DREBIN, Allan R. **Contabilidade gerencial**. 2.ed. Rio de Janeiro, Guanabara Dois, 1979.

BOGAN, Christopher E; ENGLISH, Michael J. **Benchmarking**: aplicações práticas e melhoria contínua. São Paulo: Makron Books, 1996.

BOGGIO, Aldo J. Um modelo de documentação da qualidade para a construção civil. In: FORMOSO, C. T. (ed.). **Gestão da qualidade na construção civil**: uma abordagem para empresas de pequeno porte. Porto Alegre: Programa da Qualidade e Produtividade na Construção Civil no Rio Grande do Sul, 1995.

BORTOLI, Lis Ângela De; PRICE, Ana Maria de Alencar Price. O uso de workflow para apoiar a elicitação de requisitos. In: WORKSHOP DE ENGENHARIA DE REQUISITOS, 3. **Anais...** Rio de Janeiro: 13-14 jun. 2000.

BOXWELL, Robert J. **Vantagem competitiva através do benchmarking**. São Paulo: Makron Books, 1996.

BREALEY, Richard A; MYERS, Stewart C. **Princípios de finanças empresariais**. 5.ed. Portugal: McGraw-Hill, 1998.

BRIMSON, James A. **Contabilidade por atividades**. São Paulo: Atlas, 1996.

BRODBECK, Ângela; KALB, Luis e BREI, Vinicius. **Governança de TI - Service Level Agreement (SLA)**. GESID – Grupo de Estudos em Sistemas de Informação e Decisão, UFRGS, Porto Alegre. Disponível em: <www.ppga.ufrgs.br>. Acesso em: 26 out. 2005.

BROOKING, Annie. **Intellectual capital**: core asset for the third millennium enterprise. Boston: Thompson, 1996.

BUNCE, P..; FRASER, R.; HOPE, J. **BBRT - Beyond Budgeting White Paper**. Disponível em: http://www.beyondbudgeting.com>. Acesso em: 20 maio 2007.

CAM-I. **BBRT - Benchmarking Project**. Disponível em: <http://www.cam-i.org>. Acesso em: 20 maio 2007.

CAMP, Robert C. **Benchmarking**: o caminho da qualidade total. 3.ed. São Paulo: Pioneira, 1998.

CAMPOS, Gabriel M.; ROBLES Jr., Antônio. **Uma proposta de balanced scorecard para organização do terceiro setor**. Disponível em: <http://www.eac.fea.usp.br/eac/docentes>. Acesso em: 30 jul. 2003.

CAMPOS, José Antônio. **Cenário balanceado**: painel de indicadores para gestão estratégica dos negócios. São Paulo: Aquariana, 1998.

CAMPOS, V. Falconi. **Qualidade total**: padronização de empresas. Belo Horizonte: Fundação Christiano Ottoni, 1992.

CANNING,TQC: **controle da qualidade total (no estilo japonês)**. Belo Horizonte: Fundação Christiano Ottoni, 1993.

CANNING, **Gerenciamento da rotina do trabalho do dia-a-dia**. Belo Horizonte: Fundação Christiano Ottoni, 1994.

CANNING. **Gerenciamento pelas diretrizes**. Belo Horizonte: Fundação Christiano Ottoni, 1996.

CANNING, John B. **The economics of accountancy**. New York: The Ronald Press, 1929.

CARSBERG, Bryan V. The Contributions of P. D. Leake to the Theory of Goodwill Valuation. **Journal of Accounting Research**, Chicago, v.4, n.1, spring 1966.

CARVALHOSA, Modesto, **Comentário à Lei de sociedades anônimas**. São Paulo: Saraiva, 1998. Volume 4, tomo II.

CASTRO, João Ernesto Escosteguy; CARVALHO, Fabio. **A eficiência e a eficácia no gerenciamento da informação dos sistemas de apoio a tomada de decisão**. Disponível em: <http://www.datawarehouse.inPorlvãielof.br/artigos/sad.asp>. Acesso em: 01 dez. 2005.

CATELLI, Armando. Controladoria: **Uma abordagem da gestão econômica - GECON**. São Paulo: Atlas, 1999.

CATLETT, George R; OLSON, Norman O. Accounting for Goodwill. **Accounting Research Study**, n. 10, American Institute of Certified Public Accountants, New York, 1968.

CAVALCANTE, Francisco; TOBIAS, Afonso Celso B. **Como calcular o coeficiente beta de uma empresa de capital fechado**. Disponível em: <http.www.expresstraining.com.br>. Acesso em: 10 maio 2004.

CERTO. **CAPM – Capital Asset Pricing Model**. Disponível em: <http.www.expresstraining.com.br>. Acesso em: 10 maio 2004.

CERTO. **O que é MVA e como Calculá-lo**. Disponível em <http.www.expresstraining.com.br>. Acesso em: 15 jul 2004.

CERTO, Samuel C.; PETER, J. Paul. **Administração estratégica**: planejamento e implantação da estratégia. São Paulo: Makron Books, 1993.

CHAMBERS, Raymond J. Accounting, **Evaluation and economic behavior**. New Jersey: Prentice-Hall, 1966.

CIELO, Ivã. **Sistemas de Apoio a Decisão (SAD)**. Disponível em: <http://www.datawarehouse.inf.br/artigos/olap2.asp>. Acesso em: 01 dez. 2005.

COPELAND, Tom; KOLLER, Tim; MURRIN, Jack. **Avaliação de empresa "valuation" – calculando e gerenciando o valor das empresas**. São Paulo: Makron Books, 2000.

CORDEIRO, José V. B. de Mello. Reflexões sobre a avaliação do desempenho empresarial na era da informação: uma comparação entre a gestão do capital intelectual e o Balanced Scorecard. **Revista da FAE**, v.5, n.2, p. 61-76, maio-ago. 2002.

CORREA, Suely Angelo. **Monitoramento contínuo**: um papel pró-ativo de auditoria em prevenção de fraudes, CTO tech supply. Disponível em: <http://www.techsupply.com.br/downloads/CONBRAI%202004.ppt>. Acesso em: 12 jan. 2006.

COSO. **Enterprise Risk Management – integrated framework**. Disponível em: <http://www.coso.org/publications.htm>. Acesso em: 20 out. 2005.

COSO. **Gerenciamento de riscos corporativos – estrutura integrada**. Disponível em: <www.cpa2biz.com>. Acesso em: 10 set. 2007.

COSTA JÚNIOR, Gilberto J. A. Benchmarking – medindo o desempenho gerencial com base nas melhores práticas. In: CONGRESSO BRASILEIRO DE CUSTOS, 7., 2000.

CREPALDI, Sílvio Aparecido. **Curso básico de contabilidade e custos**. São Paulo: Atlas, 1999.

CROZZATI, Jaime. **Conceitos de mensuração e conceitos de avaliação de desempenho**: a teoria versus a prática em empresas brasileiras. Dissertação (Mestrado) – USP, Dissertação do Programa de Pós-Graduação em Contabilidade e Atuária. São Paulo, 2002.

DAMODARAN, Aswath. **Avaliação de investimentos**: ferramentas e técnicas para a determinação do valor de qualquer ativo. Rio de Janeiro: Qualitymark, 1997.

DECONTO, Edair. **O emprego de um sistema de mensuração de desempenho empresarial como instrumento de apoio ao controle gerencial de uma indústria metalúrgica**. Dissertação (Mestrado) - UFRGS, Dissertação do Programa de Pós-Graduação em Administração – Mestrado Profissional. Porto Alegre, 2001.

DOURADO, Luzia. **Apostila de COBIT 5 v1.0**. Disponível em: <http://lmdourado.files.wordpress.com/2013/10/apostila_cobit-5.pdf>. Acesso em: 04 abr. 2014.

DUARTE JÚNIOR, Antonio Marcos. **Risco**: definições, tipos, medição e recomendações para seu gerenciamento. Disponível em: <www.risktech.com.br/PDFs/RISCO.pdf>. Acesso em: 24 out. 2005.

EDVINSSON, Leif; MALONE, Michael S. **Capital intelectual**. São Paulo: Makron Books, 1998.
EHRBAR, Al. L: valor econômico agregado - a verdadeira chave para a criação de riqueza. Rio de Janeiro: Qualitymark, 1999.

ENSSLIN, L.; MONTIBELLER, G. N.; NORONHA, S. M. **Apoio à decisão**. Florianópolis: Insular, 2001.

ESTRADA, Santiago N. A doutrina contábil italiana: o controlismo ou escola veneziana. **Revista Paulista de Contabilidade**, São Paulo, n.547, p. 13-30, 1977.

ETHERIDGE, L. H. **An examination of semiotic theories of accounting accruals. Ph. D. dissertation**, Louisiana State University, 1981.

EUSO, Patrick. **Basileia II e COSO**. Disponível em: <http://www.administradores.com.br/artigos/administracao-e-negocios/basileia-ii-e-coso/64225/>. Acesso em: 03 abr. 2014.

FEBRABAN; PRICEWATERHOUSECOOPERS. **Instituições Financeiras no Brasil - Pesquisa sobre as Profissões da Auditoria Interna, de Compliance e Gestão de Riscos**. Acesso: 08/11/2009. Disponível em: <http://www.pwc.com/br/pt/estudos-pesquisas/pesquisa-auditoria-interna-grc.jhtml>. Acesso em: 03 abr. 2014.

FERREIRA. Luiz Eduardo Alves; VALENTE, Alceu Norberto e ASATO, Fernando. **Entendendo o COSO - (Um roteiro prático para entender os princípios do COSO)**. Disponível em: <www.auditoriainterna.com.br/coso.htm>. Acesso em: 20 out. 2005.

FIGUEIREDO, Sandra; CAGGIANO, Paulo César. **Controladoria**. 2.ed. São Paulo: Atlas, 1993.

FRASER, ROBIN; HOPE, JEREMY. **Beyond Budgeting**: how managers can break free from the annual performance trap. Harvard: Harvard Business School Press, 2003.

FREZATTI, Fábio. A decomposição do MVA (market value added) na análise de valor da empresa. **Revista de Administração**, São Paulo, v. 34, n. 3, jul./set. 1999.

FULLERTON, Rosemary; WEMPE, William. **Lean manufacturing, non-financial performance measures and financial performance**, 2008.

GADIESH, O.; GILBERT, J. L. Transforming corner-office strategy into frontline action. **Harvard Review**, v. 79, n. 5, p. 72-79, maio 2001.

GARRISON, Ray H.; NOREEN, Eric W. **Contabilidade gerencial**. 9.ed. Rio de Janeiro: LTC, 2001.

GIL, A. L. **Qualidade total nas organizações**. São Paulo: Atlas, 1993.

GHERMAN, Marcelo. **Controles Internos - Buscando a solução adequada parte I**. Disponível em: <http://www.checkuptool.com/artigo_04.htm>. Acesso em: 25 out. 2005.

GOLDRATT, Eliyahu M; FOX, Robert E. **A corrida pela vantagem competitiva**. São Paulo: Educator, 1992.

GONÇALVES, Luís Rodrigo de Oliveira, Lockabit. **Laboratório de Redes de Alta Velocidade (RAVEL)**. Disponível em: <http://www.lockabit.coppe.ufrj.br/print.php?id=85>. Acesso em: 28 out. 2005.

GONÇALVES, Rosana C. de M. Grillo; OLIVEIRA NETO, José Dutra de. **Sistemas de controle de desempenho**: definição e projeto. Faculdade de Economia, Administração e Contabilidade (FEA), Universidade de São Paulo (USP) Campus de Ribeirão Preto, Área Temática (14): medição de desempenho gerencial, VIICB de Custos – 2000 – Recife.

HANSEN, P. B. Indicadores de desempenho gerencial. In: **Projeto Gestão Empresarial e Qualidade**. Porto Alegre: SENAI/FIERGS, 1995.

HARIED, Andrew A; IMDIEKE, Leroy F; SMITH, Ralph F. **Advanced accounting**. 6.ed. New York: Wiley, 1994.

HARRINGTON, H. James. **Aperfeiçoando processos empresariais**. São Paulo: Makron Books, 1993.

HENDRIKSEN, Eldon S.; BREDA, Michael F. V. **Teoria da contabilidade**. 5.ed. São Paulo: Atlas, 1999.

HERNANDES, Carlos A. M.; CRUZ, Cláudio Silva da; FALCÃO, Sérgio Dagnino. Combinando o Balanced Scorecard com a gestão do conhecimento. **Caderno de Pesquisas em Administração**, São Paulo, v. 1, n. 12, 2º trim. 2000. Disponível em: <http://www.ead.fea.usp.br/cad-pesq>. Acesso em: 30 jul. 2003.

HICKMAN, Craig R. **O jogo da estratégia**. São Paulo: Makron Books, 1996.

HIGUCHI, Hiromi; HIGUCHI, Celso Hiroyuki. **Imposto de renda das empresas**: interpretação e prática. 27.ed. São Paulo: Atlas,2002.

HOPE, Jeremy. **Beyond budgeting**: pathways to the emerging model, balanced scorecard. Harvard: Harvard Business School, 2000.

HORNGREN, Charles T.; DATAR, Srikant M.; FOSTER, George. **Contabilidade de custos**: uma abordagem gerencial. 11.ed. São Paulo: Prentice Hall, 2004. v. 1

HORNGREN, C. T. **Introduction to management accounting**. 10.ed. New Jersey: Prentice Hall, 1996.

HORNGREN, C. T.; JUNDEM, G. L.; TEALL, H. D.; SELTO, F. W. **Management accounting**. Toronto: Prentice Hall, 1993.

HRONEC, S. M. **Sinais vitais**: usando medidas de desempenho da qualidade, tempo e custos para traçar a rota para o futuro de sua empresa. São Paulo: Makron Books, 1994.

INSTITUTO NACIONAL DE DESENVOLVIMENTO GERENCIAL (INDG). Disponível em: <www.indg.com.br/padronização>. Acesso em: 31 mar. 2005.

IUDÍCIBUS, Sergio de. **Teoria da contabilidade**. 5.ed. São Paulo : Atlas, 1997.

IUDÍCIBUS, Sérgio de; MARION, José Carlos. **Introdução à teoria da contabilidade**. São Paulo: Atlas, 1999.

IUDÍCIBUS, Sergio de; MARTINS, Eliseu; GELBCKE, Ernesto R. **Manual de contabilidade das sociedades por ações**. 5.ed. São Paulo: Atlas, 2000.

KANITZ, **Contabilidade gerencial**. 6.ed. São Paulo: Atlas, 1998.

KANITZ, Stephen Charles. **Controladoria**: teoria e estudo de casos. São Paulo: Pioneira, 1976.

KAPLAN Robert S.; ROLL, R. Investor valuation of accounting information: some empirical evidence. **Journal of Bussines**, n. 45, p.225-57, 1972.

KAPLAN, Robert S. **A estratégia em ação**: balanced scorecard. 6.ed. Rio de Janeiro: Campus, 1997.

KAPLAN, Robert S. **Mapas Estratégicos – Balanced Scorecard**: Convertendo ativos intangíveis em resultados tangíveis. Rio de Janeiro: Campus, 2004.

KAPLAN, Robert S. **Organização orientada para a estratégia**: como a empresas que adotam o balanced scorecard prosperam no novo ambiente de negócio. 5.ed. Rio de Janeiro: Campus, 2001.

KAPLAN, Robert S. Putting the balanced scorecard to work. **Harvard Business Review**, Sep.-Oct., 1993.

KAPLAN, Robert S. Using the balanced scorecard as a strategic management system. **Harvard Business Review**, jan.-feb. 1996.

KAPLAN, Robert S.; NORTON, David P. **A estratégia em ação, balanced scorecard**. Rio de Janeiro: Campus, 1997.

KAPPEL, Alexandre M; GABRIELI, Leandro V; CORTIMIGLIA, Marcelo N. Gerenciamento de Processos e Indicadores em Educação à Distância. **Trabalho apresentado na disciplina de Gerenciamento de Processos e Indicadores de Desempenho** – Mestrado em Engenharia de Produção. Porto Alegre: PPGEP, 2002.

KIESO, Donald E; WEYGANDT, Jerry J. **Intermediate accounting**. 9.ed. New York: Jonh Wiley, 1998.

KLEIN, David A.; PRUSAK, Laurence. **Characterizing Intellectual Capital.** Work paper do programa multicliente da Ernest & Young Center for Business Innovation, em Boston, em março de 1994.

KOTLER, Philip. **Administração de marketing**: análise, planejamento, implementação e controle. São Paulo: Atlas, 1994.

KRONMEYER FILHO, Oscar Ruy. **Orçamento base zero**. In: curso balanced Scorecard, Porto Alegre, 2003. Material didático.

KRÜGER, José Adelino. **Elaboração de procedimentos padronizados de execução dos serviços de assentamento de azulejos e pisos cerâmicos - estudo de caso.** (dissertação para a obtenção do título de Mestre em Engenharia, especialidade Engenharia de Produção, e aprovada em sua forma final pelo Programa de Pós-Graduação em Engenharia de Produção da Universidade Federal de Santa Catarina). Florianópolis, 1997.

LEAN INSTITUTE BRASIL. **Os 5 Princípios do Lean Thinking (Mentalidade Enxuta).** Disponível em: <http://www.lean.org.br/5_principos.aspx>. Acesso em: 26 mar. 2014.

LEONE, George S. G. **Curso de contabilidade e custos**: contém custeio ABC. São Paulo: Atlas, 1997.

LUNKES, Roberto João. **Manual de orçamento**. São Paulo, Atlas, 2003.

MACHADO JR., Idacir A.; ROTONDARO, Roberto G. Mensuração da qualidade de serviços: um estudo de caso na indústria de serviços bancários. **Revista de Gestão e Produção**, São Paulo, v. 10, n. 2, p.217 a 130, ago. 2003.

MALVESSI, Oscar. Criação ou destruição de valor ao acionista. **Revista Conjuntura Econômica**, Rio de Janeiro, 2000.

MARTINS, Eliseu. **Contribuição à avaliação do ativo intangível**. São Paulo: USP, 1972. Tese (Doutorado) FEA/USP, Universidade de São Paulo, 1972.

MARTINS, Eliseu. **Contabilidade de custos**. 2.ed. São Paulo: Atlas, 1984.

MARTINS, Eliseu. **Contabilidade de custos**: Inclui o ABC. São Paulo: Atlas, 2001.

MARTINS, Eliseu. **Teoria da contabilidade**. 5.ed. São Paulo: Atlas, 1997.

MARTINS, Eliseu; GELBCKE, Ernesto R. **Manual de contabilidade das sociedades por ações**. 5.ed. São Paulo: Atlas, 2000.

MARTINS, Marco Antônio. **Avaliação de desempenho**: foco no usuário interno. São Paulo: Atlas, 2006.

MATARAZZO, Dante Carmine. **Análise financeira de balanços**: abordagem básica e gerencial. 5.ed. São Paulo: Atlas, 1998.

MANDARINO, Umberto. **Custos**. São Paulo: Atlas, 1969.

McDONNELL, Edward J. **Implantando a administração estratégica**. 2.ed. São Paulo: Atlas, 1993.

McGEE, James; PRUSAK, Laurence. **Gerenciamento estratégico da informação**. Rio de Janeiro: Campus, 1994.

MCNAMEE, David. **Para uma teoria geral da auditoria interna.** Disponível em: <http://www.auditoriainterna.com.br/tga.htm>. Acesso em: 31 out. 2005.

MILBOURN, Todd. **O charme do EVA como uma medida de desempenho**: dominando finanças. São Paulo: Makron Books, 2001.

MINAYO, M. C. S. et al. **Pesquisa social – teoria, método e criatividade.** Petrópolis: Vozes, 1994.

MINTZBERG, H.; AHLSTRAND, B.; LAMPEL, J. **Safári de estratégia**: um roteiro pela selva do planejamento estratégico. Porto Alegre: Bookman, 2001.

MIRANDA, Luiz Carlos; SILVA, José Dionísio Gomes da. Medição de desempenho. In: MONERRY, Neil. **Motivações para gerenciar o valor**: dominando finanças. São Paulo: Makron Books, 2001.

MOOJEN, Guilherme. Orçamento base zero. **Revista Brasileira de Contabilidade**, ano 11, n. 39, out./dez. 1981.

MOREIRA, Eduardo. **Proposta de uma sistemática para o alinhamento das ações operacionais aos objetivos estratégicos, em uma gestão orientada por indicadores de desempenho.** Tese (Doutorado) – UFSC, Tese do Programa de Pós-Graduação em Engenharia de Produção. Florianópolis, 2002.

MOSSIMANN, Clara Pellegrinello; FISCH, Silvio. **Controladoria**: seu papel na administração de empresas. São Paulo: Atlas, 1999.

MOTT, Grahan. **Contabilidade para não contadores.** São Paulo: Makron Books, 1996.

MOTTA, Ricardo. Balanced Scorecard: Um sistema de medição para alinhar e gerenciar o sucesso da estratégia. In: CONGRESSO BRASILEIRO DA QUALIDADE E PRODUTIVIDADE, 9., Rio de Janeiro, 1999.

MÜLLER, Cláudio José. **Modelo de gestão integrando planejamento estratégico, sistemas de avaliação de desempenho e gerenciamento de processos (MEIO – Modelo de Estratégia, Indicadores e Operações).** Tese (Doutorado) – UFRGS, Tese do Programa de Pós-Graduação em Engenharia de Produção. Porto Alegre, 2003.

NAKAGAWA, Masayuki. **ABC custeio baseado em atividades**. São Paulo: Atlas, 1994.

NIVEN, Paul R. **Balanced scorecard step by step**: maximizing performance and maintaining results. New York: Jonh Wiley & Sons, 2002.

OLIVEIRA. **Balanced scorecard step by step**: for government and nonprofit agencies. New York: Jonh Wiley & Sons, 2003.

OLIVEIRA, Djalma de Pinho Rebuças de. **Planejamento estratégico**. 6.ed. São Paulo: Atlas, 1995.

OLIVEIRA. **Excelência na administração estratégica**: a competitividade para administrar o futuro das empresas. 4.ed. São Paulo: Atlas, 1999.

OLVE, Nils-Göran; ROY, Jan; WETTER, Magnus. **Condutores de performance**: um guia prático para o uso do "balanced scorecard". Rio de Janeiro: Qualitymark, 2001.

OSTRENGA, Michael R. et al. **Guia da Ernst & Young para gestão total dos custos**. Rio de Janeiro: Record, 1993.

OTLEY, D. **Management control**: theories, issues and practices. London: Macmillan, 1995.

PADOVEZE, Luís Clóvis. **Controladoria Estratégica e operacional**: conceitos, estrutura, aplicação. são paulo: Pioneira Thomson Learning, 2003.

PADOVEZE **Contabilidade gerencial**: um enfoque em sistemas de informação contábil. 3.ed.São Paulo: Atlas, 2000.

PAGNONCELLI D.; VASCONCELLOS FILHO, P. **Sucesso empresarial planejado**. Rio de Janeiro: Qualitymark, 1992.

PANHOCA, Luiz. **Contabilidade como linguagem**. Disponível em: <http://www.wmulher.com.br/template.asp?canal=trabalho&id_mater=1713>. Acesso em: 11 nov. 2005.

PATON, Claudecir. **O uso do Balanced Scorecard como sistema de gestão estratégica**. Disponível em: <http://www.contabeis.ufpe.br>. Acesso em: 20 ago. 2003.

PFLAEGING, N. **Beyond budgeting**: como gerenciar o desempenho para obter um melhor resultado. Seminário International Business Communications (IBC). São Paulo, 2003.

PIDD, M. **Modelagem empresarial**: ferramentas para tomada de decisão. Porto Alegre: Bookman, 1998.

PLOSSL, George W. **Administração da produção**: como as empresas podem aperfeiçoar suas operações para tornarem-se mais competitivas e rentáveis. São Paulo: Makron Books, 1993.

POLLONI, Enrico G. F. **Administrando sistemas de informação**. São Paulo: Futura, 2000.

PORTER, M. E. **Competitive strategy**: techniques for analyzing industries and competitors. New York: Free Press, 1980.

PORTER, M.E. **Estratégia competitiva**: técnicas de análise de indústrias e da concorrência. Rio de Janeiro: Campus, 1986.

PORTER, M.E. **Vantagem competitiva**: criando e sustentando um desempenho superior. Rio de Janeiro: Campus, 1991.

PREINREICH, Gabriel A. The law of goodwill. **Accounting Review**, dez. 1936.

PYHRR, Peter A. **Orçamento base zero**: um instrumento administrativo prático para avaliação das despesas. Rio de Janeiro: Interciência; São Paulo: USP, 1981.

PYHRR, Peter A. **Zero-base budgeting**: a practical management tool for evaluating expenses. New York: John Wiley and Sons, 1973.

RADEBAUGH, Lee H. **International accounting and multinational enterprise**. 4.ed. New York: Wiley, 1997.

RASKIN Sara Fichman. **Desenhando a estrutura organizacional**: autoridade e controle. Disponível em: <http://www.pr.gov.br/batebyte/edicoes/2002/bb123/teoria.htm>. Acesso em: 17 jan. 2006.

REZENDE, Cátia Gontijo. **Conceitos e perspectivas em sistemas de informação e de apoio a tomada de decisão**. Disponível em: <http://www.serpro.gov.br/publicacao/tematec/publicacao/tematec/2003/ttec68>. Acesso em 01 dez. 2005.

REZENDE, José Francisco de Carvalho. **Balanced Scorecard e a gestão do capital intelectual**: alcançando a mensuração equilibrada na economia do conhecimento. Rio de Janeiro: Campus, 2003.

RIBEIRO, Osni Moura. **Contabilidade geral fácil**. São Paulo: Saraiva, 1997.

RICCIO. **Contabilidade de custos fácil**. São Paulo: Saraiva, 1997.
RICCIO, Edson Luis. Novos paradigmas para a função controladoria. In: ENCONTRO NACIONAL DA ASSOCIAÇÃO NACIONAL DOS PROGRAMAS DE PÓS-GRADUAÇÃO EM ADMINISTRAÇÃO, 17., Salvador, 1993.

RODRIGUES, Alberto Almada. Orçamento de base zero. **Revista do Conselho de Contabilidade do Rio Grande do Sul**, Porto Alegre, n.25, p. 17-37, 1980.

RODRIGUES, José dos Reis Gonçalves; NUNES. Patrícia Maria. **O balanced scorecard enquanto núcleo de business intelligence**: um poderoso habilitador da excelência das decisões sobre temas qualitativos e estratégicos nas organizações modernas. Disponível em: <http://fiber.com.br>. Acesso em: 15 ago. 2003.

ROEHL-ANDERSON, Janice M.; BRAGG, Steven M. **Controllership - the work of the managerial accounting**. 7.ed. New York: John Wiley & Sons, Inc., 2004.

ROLL, R. Investor valuation of accounting information: some empirical evidence. **Journal of Bussines**, n. 45, p. 225-57, 1972.

ROSA, Eurycibiades Barra. Desempenho de Sistemas Organizacionais – Uma Análise Sistematizada. In: SIMPÓSIO DA ENGENHARIA DA PRODUÇÃO, 10., Bauru, São Paulo, 2003.

ROSS, Stephen A.; WESTERFIELD, Randolph W.; JAFFE, Jeffrey F. **Administração financeira**. São Paulo: Atlas, 2002.

RUMMLER, G. A.; BRACHE, A. P. **Melhores desempenhos das empresas**. São Paulo: Makron Books, 1994.

SÁ, Carlos A.; MORAES, José Rabello. **O orçamento estratégico**: uma visão empresarial. Rio de Janeiro, Qualitymark, 2005.

SANTOS, José Luiz dos. **Avaliação de ativos intangíveis**. São Paulo: Atlas, 2002.

SANTOS, José Luiz dos. **Contribuição à avaliação econômica de ativos intangíveis**. 2005. Tese (Doutorado) - UFRGS, Universidade Federal do Rio Grande do Sul, Porto Alegre, 2005.

SANTOS, José Luiz dos. **Fundamentos de avaliação de empresas**: foco no fluxo de caixa descontado teoria e prática. São Paulo: Atlas, 2005.

SANTOS, José Luiz dos; LEAL, Ricardo. Time-Driven Activity Based Costing (TDABC). **Revista Iberoamericana de Contabilidad de Gestión**, Asociación Interamericana de Contabilidad (A.I.C.), y Asociación Española de Contabilidad y Administración de Empresas (A.E.C.A.), Madri, Espanha, v. 7, n. 14, jul.-dic. 2009.

SANTOS, José Luiz dos; SCHMIDT, Paulo. **Contabilidade societária**: atualizado pela Lei 10.303/01. São Paulo: Atlas, 2002.

SCHMIDT, Paulo. **Controladoria**: agregando valor para a empresa. Porto Alegre: Bookmann, 2002.

SCHMIDT, Paulo. **História do pensamento contábil**. Porto Alegre: Bookman, 2000.

SCHMITT, Rita R. Ketzer. **Desenvolvimento de um modelo de Balance Scorecard para uma entidade de previdência complementar**. Dissertação (Mestrado) - UFRGS, Dissertação do Programa de Pós-Graduação em Economia - Mestrado Profissional. Porto Alegre: 2004.

SERRA, Laércio. **Desmistificando o Balanced Scorecard**. Disponível em: <http://www.itcom.com.br>. Acesso em: 20 ago. 2003.

SINK, D. S. **Productivity management**: planning, evaluation, control and improvement. New York: John Wiley and Sons, 1985.

SHANK, Jonh K.; GOVINDARAJAN, Vijay. **A revolução de custos.** 2.ed. Rio de Janeiro: Campus, 1997.

SHANK, Jonh K. **Planning and measurement in your organization.** Norcross: Industrial engineering and management Press, 1989.

SINK, D. S. **Productivity management**: planning, evaluation, control and improvement. New York: John Wiley and Sons, 1985.

SLACK, Nigel. **Vantagens competitivas em manufatura**. São Paulo, Atlas, 1993.

SOARES, Cristina Ristori Dias. **Desenvolvimento de uma Sistemática de Elaboração do Balanced Scorecard para Pequenas Empresas**. Dissertação (Mestrado) – UFRGS. Dissertação do Programa de Pós-Graduação em Engenharia da Produção – Mestrado Profissional. Porto Alegre, 2001.

STARKWEATHER, Robert C. Procedure manuals: a practical approach to on the job training. In: ANNUAL QUALITY CONGRESS, 46., 1992, Nashville. **Transactions...** Milwaukee: American Society for Quality Control, 1992. p. 606-612.

STEINER, George A. **Strategic planning**. New York: Trade Paperback, 1997.

STERN, Joel M. **Eva valor econômico agregado a verdadeira chave para a criação de riqueza**. Rio de Janeiro, 1999.

STEWART, Thomas A. **Capital intelectual**: intellectual capital. Rio de Janeiro: Campus, 1998.

TOBIAS, Afonso Celso. Estudo de caso: balanced scorecard em uma empresa de varejo. **Up-To-Date**, n. 239. Disponível em: <http://www.expresstraining.com.br>. Acesso em: 30 jul. 2003.

TUDE, Eduardo. **Tutoriais Banda larga e VOIP**. Disponível em: <http://www.teleco.com.br/tutoriais/tutorialsla/default.asp>. Acesso em: 27 out. 2005.

TUTTLE, T. C.; TUTTLE, T. C. **Planejamento e medição para a performance**. Rio de Janeiro: Qualitymark, 1993.

VALÉRIO, Sérgio Lages. **Balanced Scorecard**: um estudo de caso. Dissertação (Mestrado) – Universidade Federal do Rio Grande do Sul, Escola de Administração, Programa de Pós-Graduação em Administração. Porto Alegre, 2002.

VARIAN, Hal R. **Microeconomia**. Rio de Janeiro: Campus, 2003.

VICECONTI, Paulo Eduardo V.; NEVES, Silvério das. **Contabilidade de custos**. 2.ed. São Paulo: Frase,1994.

WARD, Keith. **Strategic management accounting**. Oxford: British Library, 1993.

WELSCHI, Glenn Albert. **Orçamento empresarial**. 4.ed. São Paulo: Atlas, 1983.

WERNKE, Rodney; LEMBECK, Marluce. Valor econômico adicionado. **Revista Brasileira de Contabilidade**, São Paulo, n. 121, jan./fev. 2000.

WESTERFIELD, Randolph; JORDAN, Bradford D. **Princípios de administração financeira**. São Paulo: Atlas, 1998.

WESTON, Fred; BRIGHAM, Eugene. **Fundamentos da administração financeira**. 10.ed. São Paulo: Pearson Education, 2000.

WHITE, Gerald I.; SUNDHI, Ashwin P. C; FRIED, Dov. **The analysis and use of financial statements**. 2.ed. New York: Wiley, 1998.

WINJUM, James. Accounting in its age of stagnation. **The Accounting Review**, New York, p. 743-761, oct. 1970.

WOMACK, James P.; JONES, Daniel T. **A mentalidade enxuta nas empresas – lean thinking – elimine o desperdício e crie riqueza**. 6.ed. Rio de Janeiro: Elsevier, 2004.

YIN, Robert K. **Planejamento financeiro e orçamento**. 2.ed. Porto Alegre: Sagra, 1998.

YIN, Robert K. **Estudo de caso**: planejamento e métodos. 2.ed. Porto Alegre: Bookman, 2001.

ZAFFANI Carlos Alberto. **Informação gerencial**: o calcanhar de aquiles nas empresas. Disponível em: <http://www.calcgraf.com.br/content.php?recid=132>. Acesso em: 01 nov. 2005.

ZAIRI, Mohamed; LEONARD, Paul. **Benchmarking prático**: o guia completo. São Paulo: Atlas, 1995.

ZDANOWICZ, José E. **Fluxo de caixa**: uma decisão de planejamento e controle financeiros. 6.ed. Porto Alegre: DC Luzzato, 1995.

www.ingramcontent.com/pod-product-compliance
Ingram Content Group UK Ltd.
Pitfield, Milton Keynes, MK11 3LW, UK
UKHW020716041026
15590UKWH00002B/706

9 786586 780253